신기한
자연의 발견
시리즈

처음 만나는
곤충 이야기

글·사진 김 진

처음 만나는
곤충 이야기

개정증보판 1쇄 발행 2019년 6월 28일

글·사진 김 진

펴 낸 곳 도서출판 이비컴
펴 낸 이 강기원

편 집 지미숙
표 지 이유진
일러스트 유재헌
마 케 팅 박선왜

주   소 (02635) 서울시 동대문구 천호대로81길 24, 201호
대표전화 (02)2254-0658 팩스 (02)2254-0634
전자우편 bookbee@naver.com

등록번호 제6-0596호(2002.4.9)
I S B N 978-89-6245-168-9 (73490)

ⓒ 김진, 2019

파본이나 잘못 인쇄된 책은 구입하신 서점에서 교환해드립니다.

이 도서의 국립중앙도서관 출판예정도서목록(CIP)은 서지정보유통지원시스템 홈페이지(http://seoji.nl.go.kr)와 국가
자료종합목록 구축시스템(http://kolis-net.nl.go.kr)에서 이용하실 수 있습니다.(CIP제어번호 : CIP2019024383)

머리말

곤충들이 여전히 무서운 존재인가요? 곤충은 친구입니다.

많은 사람에게는 곤충은 아직 쉽게 다가가지 못하는 존재 같아요.
하지만 우리 주변에서 쉽게 보고 있는 친구들이기도 합니다.
작아도 무시할 수 없는 것이 곤충은 재능이 참 많아요.
가령 나비의 날개는 비에 젖지 않고, 장수풍뎅이는 강한 힘으로 상대를 제압합니다.
개미와 벌의 군집생활, 그 외 다양한 곤충들의 능력을 관찰하다보면,
우리 사람들이 그들에게 배워야 할 것이 많다는 것을 느끼게 됩니다.

곤충관찰과 곤충사육은 결코 어렵지 않습니다.

이 책을 통해 많은 친구들이 신기한 곤충 세계에 참여하길 기대합니다. 곤충을 친구처럼 생각하고, 친구처럼 대해 줬으면 하는 바람을 갖고있어요. 이 책을 통해 처음 곤충을 만나는 친구가 많아지길 바라고 있습니다. 곤충처럼 역동적이고 활기차며, 섬세한 생물들을 또 볼 수 있을까요? 관찰하면 할수록 정말 매력적이거든요.
이 책이 처음 나왔던 2013년 이후로 많은 변화가 생겼고 또 여전히 진행 중입니다. 그동안 책 일부 내용에 오류가 있었고, 몇몇 사진들은 오래되거나 교체해야 할 필요성을 느끼게 되었습니다. 그리고 변화에 발맞추어 개정판이 나올 수 있게 되어 정말 기쁘게 생각합니다. 개정판을 내면서 새로운 내용을 추가하고 일부 사진들을 새롭게 교체했으며, 잘못된 정보나 오류도 바로잡았습니다.

나비와 나방의 날개에는 '인편'이라는 가루가 있습니다. 화려한 색을 자랑하며 빗물에도 몸이 젖지 않게 합니다. 저는 언제까지나 나비가 날아다니면서 흘리는 인편을 따라 걸으면서 곤충들과 함께 할 것입니다.

개정판을 내면서 많은 도움을 받았습니다. 많은 분들의 응원도 큰 힘이 되었습니다. 나비와 곤충 연구에 많은 도움을 주시고, 채집과 사육에도 많은 정보를 제공해주신 선후배님들, 도움이 되는 조언을 해 준 연구자분들께 진심으로 감사드립니다.

류재원 님(이화여대 자연사 박물관 연구원), 나비를 사랑하시는 지민주 님,
김태완 님(만천곤충박물관 대표), 이상현 님(구리 생태박물관 대표),
박해철 님(국립농업과학원 곤충산업과), 김태우 님(국립생물자원관 동물자원과),
Junsuk Kim(미국 곤충연구가), 정동건 군(수원 망포중학교)
그 외 열거하기 못한 수많은 곤충연구자들께 감사드립니다.

Dr. Brett C. Ratcilffe & Dr. Matthew J. Paulsen!
(University of Nabraska State Museum, USA)
Thank you very much to you for supporting my insect research!
I will enjoy my insects projects and insects adventures!!

Dr. Patrice Bouchard!
(Research Scientist, Canadian National Collection of Insect, Arachnids and Nematides, CANADA)
Thank you very much to you for supporting my insect research!
Your books and passion will make me a better insect researcher!

남이섬 전명준 대표님, 민경혁 부사장님을 포함한 관계자분들께 특별히 감사의 인사를 전합니다. 저에게는 최고의 휴양지이자, 곤충 연구의 새로운 영감을 주는 곳입니다. 남이섬에서 곤충을 만나는 일은 특별한 즐거움입니다. 감사합니다. 제 곤충칼럼을 새롭게 다듬어 주시고 다시 태어나게 해주신 출판사 담당자분께 진심으로 감사드립니다. 무엇보다 오늘날 저를 포함한 곤충연구자들의 영원한 뮤즈이자, 영원한 스승이신 곤충학자 파브르(Jean Henri Casimir Fabre, FRANCE) 선생님께 영광을 돌리고 싶습니다. 그의 저서 『파브르 곤충기』는 곤충연구가들의 교과서입니다.

마지막으로 곤충을 연구하는 저를 언제나 응원하시는 어머니와 동생에게 감사와 사랑을 전합니다.

2019년 6월의 문턱에서 김진

이 책의 차례

첫째마당 곤충을 만나러 가는 길

- **01** 집근처의 야산으로 가요 • 12
- **02** 논과 밭 주변에도 있어요 • 13
- **03** 가까운 공원을 가보세요 • 14
- **04** 계곡과 임도에서도 만나요 • 15
- **05** 벌목장에서 만나요 • 16

둘째마당 화려한 날개의 나비를 만나요

- **01** 순백의 흰옷을 입고 있는 **배추흰나비** • 20
- **02** 윗날개 끝이 갈구리같이 휘어진 **갈구리나비** • 22
- **03** 노란 꽃잎이 날아다녀요! **각시멧노랑나비-멧노랑나비** • 24
- **04** 날개무늬가 호랑이를 닮은 **호랑나비** • 28
- **05** 이렇게 귀여운 나비가? **애호랑나비** • 30
- **06** 산에서 만날 수 있어요! **산호랑나비** • 33
- **07** 남쪽의 터줏대감! **남방제비나비** • 36
- **08** 향기로운 냄새가 나요! **사향제비나비** • 38
- **09** 청색 무늬가 너무 멋진 **청띠제비나비** • 40
- **10** 날개 색깔이 녹슨 쇳빛을 닮은 **쇳빛부전나비** • 43
- **11** 은은한 푸른 날개가 멋진 **남방부전나비** • 45
- **12** 주황색 날개를 가진 깜찍이 **작은주홍부전나비** • 47
- **13** 국내 유일의 순육식성 나비 **바둑돌부전나비** • 49
- **14** 뒷날개에 긴 꼬리가 달린 **담색긴꼬리부전나비-긴꼬리부전나비** • 51
- **15** 아랫입술수염이 뿔처럼 생긴 **뿔나비** • 54

16 4개의 다리로만 생활하는 **네발나비** • 56
17 날개에 공작무늬가 있는 **공작나비-쐐기풀나비** • 58
18 너무 멋진 날개를 가진 **큰멋쟁이나비-작은멋쟁이나비** • 60
19 날개 아랫면에 별을 박은 **별박이세줄나비** • 63
20 암컷의 날개 끝이 까만 **암끝검은표범나비** • 65
21 검정 줄무늬가 멋진 **흑백알락나비** • 68
22 촐싹거리며 날아다니는 **줄점팔랑나비-산줄점팔랑나비, 황알락팔랑나비** • 71
23 숲속의 기품있는 왕자 **왕자팔랑나비** • 73
24 국내에서 가장 큰 팔랑나비! **대왕팔랑나비** • 75

🍃 퀴즈로 배우는 나비 관찰 미션! • 78

셋째마당 단단한 몸을 가진 딱정벌레를 만나요

01 멋진 뿔을 가진 최강자 **장수풍뎅이** • 84
02 한국을 대표하는 **사슴벌레** • 87
03 강력한 힘을 가진 전사 **넓적사슴벌레** • 89
04 한국과 일본을 사로잡은 **왕사슴벌레** • 92
05 넓적다리 마디가 붉은 **홍다리사슴벌레** • 95
06 융단같은 털옷을 입은 **털보왕사슴벌레** • 97
07 큰 턱이 위로 솟은 **다우리아사슴벌레** • 99
08 도토리를 너무 좋아하는 **도토리거위벌레** • 101
09 수컷을 만나기가 힘든 **왕빗살방아벌레** • 103
10 생태계의 청소부, 장의사 **큰넓적송장벌레** • 105
11 화려한 천연기념물 **비단벌레** • 107
12 수수한 멋을 지닌 **고려비단벌레** • 110
13 반짝거리는 녹색 옷을 입은 **참나무호리비단벌레** • 112
14 강렬한 붉은색을 자랑하는 **홍단딱정벌레** • 114
15 아름다운 색을 지닌 **모시긴하늘소** • 116

🍃 퀴즈로 배우는 딱정벌레 관찰 미션! • 118

넷째마당 하늘의 지배자 잠자리를 만나요

- 01 초록색 몸에 먹줄을 그린 **먹줄왕잠자리** • 122
- 02 나비처럼 날아다니는 **나비잠자리** • 124
- 03 배가 넓적한 잠자리 **배치레잠자리** • 126
- 04 작고 귀여운 꼬마신사 **아시아실잠자리** • 128
- 퀴즈로 배우는 잠자리 관찰 미션! • 131

다섯째마당 풀숲의 왕자 메뚜기와 사마귀를 만나요

- 01 가을의 논 지킴이 **우리벼메뚜기** • 136
- 02 가장 쉽게 만나는 **등검은메뚜기** • 138
- 03 몸이 실처럼 가늘고 긴 **실베짱이** • 140
- 04 곤충계의 만능 포식자 **넓적배사마귀** • 142
- 05 가장 포악한 포식자 **왕사마귀** • 144
- 퀴즈로 배우는 메뚜기 관찰 미션! • 146

여섯째마당 이야기가 있는 곤충들

- 01 우리 곁을 떠나는 멸종위기 곤충들 • 150
- 02 보호종은 아니지만 멸종위기가 우려되는 곤충들 • 153
- 03 오감으로 정서를 돕는 정서 곤충들 • 155
- 04 식용과 약용으로 쓰이는 곤충들 • 158
- 05 독특하게 살아가는 신기한 곤충들 • 160
- 퀴즈로 배우는 '이야기가 있는 곤충' 관찰 미션! • 163

일곱째 마당 신기한 외국 곤충들

01 말레이시아의 국가 나비 **붉은목도리제비나비** • 168
02 남미의 화려한 푸른 나비 **아킬레스몰포나비** • 170
03 코뿔소를 닮은 최강 곤충 **키론장수풍뎅이** • 172
04 말레이시아의 금맥 **황금귀신사슴벌레** • 174
05 일본에 서식하는 롱다리 **애왕사슴벌레** • 177
06 마른 낙엽을 닮은 사마귀 **가랑잎사마귀** • 179

 퀴즈로 배우는 외국 곤충 관찰 미션! • 182

부록 마당 곤충 사육법과 곤충 찾기

01 곤충을 키울 수 있어요 • 186
02 곤충 찾기, 보물 찾기 같아요! • 202

곤충을 연구하는 학회들 • 210
온라인에서도 만나는 곤충 커뮤니티 • 211
대표적인 곤충전시관과 박물관 • 212
용어해설 • 213

첫째 마당

곤충을 만나러 가는 길

곤충을 보고 싶은데, 어디로 가야 좋을까요?
의외로 우리가 사는 곳, 그리 멀지 않은 곳에서 쉽게 발견할 수 있습니다.
요즘은 주민들이 운동하기 편리한 근린공원 같은 공원이 많고, 낮은 야산도 있어서 도심지역에서 살더라도 마음만 먹으면 어렵지 않게 곤충을 보러 갈 수 있답니다.
그렇다면 어디를 가면 곤충을 볼 수 있는지 알아보기로 해요!

01 집 근처 야산으로 가요

도심 근처의 야산

화단에 내려앉은 암끝검은표범나비

나무, 딱정벌레, 메뚜기를 만나요

요즘은 산책로가 있는 낮은 야산을 쉽게 찾을 수 있답니다. 꼭 높은 산에 가야만 곤충을 보는 건 아니에요. 집에서 가까운 곳의 낮은 산이나, 동네 뒷산도 괜찮아요!
가볍게 운동 삼아 갈 수 있는 곳이 좋아요. 주변에 꽃도 심어져 있는 경우가 많아서 계절마다 곤충을 볼 수 있어요! 다양한 메뚜기와 나비들을 볼 수 있고, 노린재와 먼지벌레 등 의외로 많은 곤충을 만날 수 있어 놀랄지도 몰라요!!
봄에는 다양한 나비를, 여름에는 여치와 딱정벌레를 만날 수 있어요. 가을에는 꽃에 모여드는 나비와 벌, 그리고 이런 곤충을 잡아먹는 잠자리도 만날 수 있고, 겨울에는 겨울잠을 자는 곤충을 쉽게 찾을 수 있답니다.

02 논과 밭 주변에도 있어요

나비 애벌레, 꽃등에, 귀뚜라미를 만나요

아무리 대도시라고 해도 조금만 벗어나면 시골 분위기가 물씬 풍겨와요. 도시 외곽에서는 논이나 밭을 어렵지 않게 발견할 수 있고요. 특히 논에는 물을 대기 위해 저수지나 연못을 만드는 경우가 많아서 많은 곤충을 만날 수 있어요.

동네 근처의 논

논 주변에서 발견되는 나비 애벌레

요즘은 농약을 치지 않은 방법으로 쌀을 재배하는데요. 농약을 치지 않아서인지 곤충을 발견하기가 쉬워졌어요. 특히 논과 그 주변에서는 다양한 곤충들이 발견돼요. 벼를 좋아하는 메뚜기와 멸구, 나비와 나방 애벌레, 거미에 사마귀까지 다양한 곤충이 발견된답니다. 논 주변에도 곤충들이 많이 서식해요. 논둑에는 제비꽃이나 양지꽃, 돌나물 같은 식물들이 살고 있는데, 여기에는 나비와 벌, 꽃등에와 작은 하늘소까지 모여들어요. 논길에서도 곤충이 발견된다는 거 알아요?

논길에서 발견된 길앞잡이 애벌레 집

논길에서 쉬고 있는 우리벼메뚜기

휴식을 취하는 메뚜기들과 길앞잡이라는 난폭한 딱정벌레의 애벌레 집이 발견돼요. 또 돌이 있다면 귀뚜라미나 먼지벌레가 숨어있기도 하니까 잘 살펴보도록 해요.

03 가까운 공원을 가보세요

물방개, 잠자리, 방아깨비를 만나요

가까운 공원에도 곤충들을 관찰할 수 있습니다. 낮은 산이 없는 곳에서는 사람들이 산책하기 위해 찾는 곳이 공원이지요. 사람이 많이 찾기 때문에 곤충들이 거의 없을 것 같지만, 찾다 보면 곤충들을 꽤 만날 수 있어요. 특히 연못이나 저수지가 있는 공원이라면 많은 곤충을 만날 수 있답니다.

공원

공원의 연못

공원에는 일부러 조성한 꽃밭이 있기도 한데, 벌개미취 같은 국화과 식물이나 원예식물인 팬지를 심어두기도 해요. 이렇게 만들어진 화단에는 봄과 가을에 많은 나비를 불러들여요.

연못이 있는 경우에는 더 많은 곤충 친구들을 만날 수 있어요.

연못 주변에는 버드나무나 조팝나무, 개나리 같은 나무들을 심어두는데, 이 나무들을 좋아하는 곤충들이 모여들어요. 연못에는 물방개와 송장헤엄치게처럼 물에서 사는 수서곤충들을 만날 수 있고, 연못 가장자리와 한가운데에는 잠자리들이 영역 다툼을 한답니다. 그리고 이 수서곤충을 잡아먹기 위해 모여드는 개구리도 볼 수 있어요.

넓은 잔디밭에는 다양한 메뚜기와 방아깨비를 만날 수 있고, 꽃매미나 매미들도 만날 수 있답니다. 어때요? 우리가 자주 가는 공원에도 곤충들이 참 많지요?

04 계곡과 임도에서도 만나요

여치와 매미, 잠자리 애벌레, 거위벌레를 만나요

계곡과 임도에서도 곤충을 쉽게 만날 수 있어요. 임도(林道)란, 숲에 난 길을 말해요. 원래는 통나무나 숲에서 나는 생산물을 운반하기 위해 만든 길이에요. 이러한 계곡 주변에 임도가 있는 경우가 많아 다양한 곤충을 만날 수 있답니다.

계곡 주변

산 중턱의 임도

먼저 계곡 주변의 나무들에서는 다양한 노린재와 숲에서 사는 나비들, 여치와 매미들을 만날 수 있어요. 계곡 안에서는 돌에 붙어서 지내는 강도래와 날도래 애벌레, 뱀잠자리 애벌레를 만날 수 있고요, 다슬기나 물달팽이를 잡아먹는 애반딧불이 애벌레도 만날 수 있어요. 그리고 종종 날도래 애벌레를 잡아먹기 위해 날아드는 물벌도 만날 수 있답니다. 물흐름이 완만한 계곡 가장자리의 낙엽이나 모래 안에는 몸이 납작한 어리장수잠자리 애벌레나 장수잠자리 애벌레를 만날 수 있어요.
가끔은 여치나 사마귀의 몸에 기생하는 연가시도 볼 수 있답니다.
임도는 인위적으로 만들어진 길이지만, 곤충들을 쉽게 만날 수 있는 길이에요. 특히, 일광욕을 즐기기 위해 땅바닥에 앉는 나비들을 만날 수 있어요. 또한 딱정벌레와 보라금풍뎅이, 파리매, 그리고 소형 하늘소들도 만날 수 있어요.
임도 주변의 나무들에서는 나비를 비롯하여 낮에 활동하는 나방을 볼 수 있고, 잎벌레와 쌍쌀벌이 날아다니는 것을 만날 수 있어요. 게다가 잎을 요람처럼 사용하는 거위벌레들도 쉽게 만날 수 있답니다.

앞으로 계곡이나 그 주변에 놀러 가면 꼭 한 번 곤충을 찾아보도록 해요!

05 벌목장에서 만나요

하늘소, 비단벌레, 기생벌을 만나요

종종 산 주변에는 크고 작은 벌목장이 있어요. 벌목은 나무 베기, 즉 숲의 나무를 잘라내는 것을 말해요. 잘라낸 나무를 쌓아두는 곳에 곤충이 모여들곤 하지요. 숲에 있는 나무를 왜 자르냐고요? 나무가 너무 빽빽하게 자라게 되면 나무들이 잘 자라지 못하게 되고, 결국 숲과 나무 모두에게 피해를 줄 수 있게 된답니다. 그걸 막기 위해 불필요하거나 죽은 나무들은 잘라줌으로써 다른 나무들도 자라고, 그늘에서 자라는 작은 풀들도 잘 자라게 돼요.

벌목장

죽은 나무에 모여든 하늘소들

잘라낸 나무들은 여러 가지 용도로 쓰이는데, 옮기기 전에 일정한 장소에 쌓아두게 돼요. 그게 숲에 있는 넓은 공간일 수 있고, 목공소가 될 수도 있어요. 아니면 사진처럼 임시 벌목장을 만들어 그곳에 나무들을 쌓아두게 된답니다.

오랜 시간이 흐르면 죽은 나무는 점점 썩어가면서 특유의 냄새를 내는데, 이 냄새를 맡고 곤충들이 모여든대요. 주로 하늘소들과 비단벌레들이 모여들고, 이들의 애벌레를 잡아먹는 기생벌도 모여들어요. 보통 벌목장에서는 소나무와 다른 나무들을 구별해두는데, 나무 종류가 워낙 많다 보니 하늘소나 비단벌레도 많은 종류가 모여들어요. 잘라낸 나무들을 쌓아두었다가 톱밥 등을 만드는 톱밥공장 근처도 좋은 탐사지역임을 알 수 있어요. 톱밥을 만들기 위해서는 엄청난 나무들을 쌓아두는데, 그만큼 발견되는 곤충도 많으니까요. 1년 중 6월에 가장 많은 곤충을 볼 수 있다고 하니, 기억해 두었다가 방문할 기회가 되면 나무들이 쌓인 곳을 주의 깊게 살펴보도록 해요. 그곳엔 작지만 예쁘고, 화려한 곤충들을 많이 만날 수 있을 거예요.

화려한 날개의 나비를 만나요

우리나라에 사는 나비는 몇 종류나 될까요?
약 200 종류의 나비가 살고 있답니다. 이 중에는 우리가 쉽게 만날 수 있는 나비도 있고, 거의 만나지 못할 정도로 귀한 나비도 많아요.
나비는 아름다운 날개를 가지고 있어 널리 사랑받고 있고,
해외에서도 인기가 정말 많아요.
나비의 날개에는 '인편'이라는 가루가 있어요.
이 인편 덕분에 나비마다 다양한 색깔을 나타내고,
비가 올 때는 날개가 젖지 않도록 보호해주지요.
마치 비옷을 입고 있는 것 같지 않나요?

우리나라 전라남도 함평에서는 매년 5월이 되면
〈함평나비대축제〉를 열고, 지금은 나비를 사육하는 농가도 많아졌어요.
그리고 전국에 나비생태관이 생기고 있어요.
요즘에는 나비 사육법도 개발 되어, 누구나 쉽게 사육할 수 있어요.
우리가 초등학교를 다니면서 과학 시간에 곤충에 대해 배우게 되는데,
가장 먼저 배우는 곤충이 바로 '배추흰나비'에요.
관리하기도 정말 간단하고,
봄부터 가을까지 꽃밭과 숲에서 가장 흔히 만날 수 있는 나비!

이제, 나비와 함께 나비들의 세상으로 여행해볼까요?

순백의 흰옷을 입고 있는
배추흰나비

🕐 **활동시기** 4~5월, 6~10월 〈연 4~5회 발생〉
🌿 **먹이식물** 배추, 무, 케일, 냉이 등

서양민들레의 꿀을 빨아먹는 배추흰나비

배추흰나비는 우리에게 매우 친숙한 나비예요. 많은 생물도감에 꼭 등장하는 친구이죠. 배추흰나비와 비슷한 친구로 대만흰나비가 있는데, 날개의 무늬가 조금 다를 뿐, 전체적인 것은 비슷해요. 날개에 줄이 있는 큰줄흰나비나 줄흰나비도 있는데, 이 친구들은 먹이나 생활환경이 똑같아서 같이 발견되는 경우가 많아요.

어디서 만날까요?

시골에 가면 쉽게 볼 수 있는 케일이나 배추, 무밭 등에서 많이 발견되지요. 요즘은 농약 때문에 밭에서 발견하기는 쉽지 않고, 비빔밥이나 봄나물 무침에 사용되는 냉이와 열무에서도 발견돼요. 냉이는 산길이나 논둑에서 발견할 수 있는데, 이러한 곳에 흰나비 종류가 많아요.

배추흰나비의 성장

배추흰나비와 다른 흰나비의 친구들은 번식과 사육이 쉬워 지역의 크고 작은 나비축제나 나비 날리기, 분양 등에 쓰이고 있어요.

흰나비류의 먹이식물인 황새냉이

황새냉이 잎 뒷면의 알(붉은 원 안)

흰나비들은 1년에 4~5번 발생할 정도로 성장 속도가 빨라요. 5월 중순 쯤 되면 냉이의 잎 뒷면에서 길쭉한 알을 발견할 수 있을 거예요. 만약 키우고 싶다면 뿌리째 조심스럽게 뽑은 다음 화분에 심어두고 관찰하면 됩니다.

케일 잎에서 쉬는 애벌레

먹이식물만 잘 키우면 흰나비 사육은 어렵지 않아요. 하지만 흔하게 보이고 사육이 쉬우나 환경에 매우 민감한 나비는 특히, 농약에 매우 취약해서 농약을 사용하는 장소에서는 배추흰나비를 발견하기가 어려워요. 너무 슬프지 않나요?

1년에 4번씩이나?

나비들은 깨끗한 환경을 더 좋아한다는 것을 꼭 기억하도록 해요.

애벌레나 번데기는 먹이식물에 숨어 있는 데다가 색깔도 비슷해, 눈앞에 두고도 발견하기가 매우 어려워요. 1년에 4번 이상 발생하는 나비는 흔치 않아요. 하얗고 깨끗한 날개를 가진 배추흰나비와 그의 친구들을 많이 사랑해주세요.

흰나비류 번데기
(관찰을 위한 준비)

02 갈구리나비
윗 날개 끝이 갈구리같이 휘어진

- 활동시기 4~5월 〈연 1회 발생〉
- 먹이식물 황새냉이, 논냉이, 냉이

유채의 꿀을 먹는 갈구리나비

갈구리나비를 본 적 있나요? 이른 봄에 잠깐 나타났다가 사라지는 나비에요. 잠깐의 이 시기를 놓치면 갈구리나비를 못 보고 지나갈 때가 많답니다. 이 나비는 시골의 밭이나 냉이가 나오는 민가 주변에서 주로 발견돼요. 성충으로 활동하는 시기가 한 달이 채 안 되니까 관찰도 쉽지 않겠지요? 이럴 때는 냉이가 많은 낮은 산이나 시골의 밭둑을 찾아 이 나비가 날아다니는지 확인하면 돼요. 크기는 작은 편이니까 잘 살펴보아야 해요.

갈구리나비의 식성

갈구리나비 성충은 유채꽃이나 케일, 배추나 열무, 냉이 등의 꽃을 찾아 날아다니는데, 이들의 꽃은 꽃잎이 십자(+)모양으로 생겼다고 해서 '십자화(十字花)'라고 부른대요. 갈구리나비는 바로 이 꽃의 꿀을 좋아하고, 냉이의 꽃봉오리와 꽃에 알을 낳는 거랍니다.

산란 장소인 냉이의 꽃

냉이의 잎

다른 흰나비들의 먹이와 같지요? 비슷비슷한 나비들은 식성도 같은가 봐요. 하지만 갈구리나비의 애벌레 시기는 매우 짧아요. 알에서 깨어난 지 약 한 달 후면 번데기가 되는데, 이대로 겨울을 나고 이듬해 봄이 되어야 깨어나요.

10개월을 번데기로?

10개월을 넘게 번데기로 지낸다니, 번데기 시기가 너무 지루할 것 같죠? 게다가 사마귀나 거미 같은 천적이 오면 어떻게 할까요? 다행히도 갈구리나비 번데기는 위험을 피하는 방법을 미리 알고 있어요. 가늘고 길쭉한 번데기는 꼭 커다란 장미 가시처럼 생겼어요. 종종 장미 줄기에서 번데기가 되어 마치 가시처럼 보이게 해요.
어때요? 정말 가시 같지 않나요?

장미의 가시를 닮은 번데기

오랫동안 번데기 기간이 끝나고 이듬해 4월이 되면 우화(번데기를 탈피하여 성충이 되는 것)를 하고 예쁜 날개를 가진 갈구리나비가 탄생하게 되는 거예요. 4월 중순이나 4월 말이 되면 가까운 시골의 밭이나 낮은 산으로 가서 냉이를 찾아 날아다니는 갈구리나비를 찾아보세요. 아마 귀엽고 깜찍한 나비가 친구들을 반갑게 맞아줄 거예요.

갈구리나비 수컷, 날개 끝이 노랗다.

03 노란 꽃잎이 날아다녀요!
각시멧노랑나비

- **활동시기** 6월 말~8월 초, 월동 후 3~4월 (연 1회 발생)
- **먹이식물** 갈매나무, 털갈매나무

성충으로 동면하기 전 꿀을 먹는 각시멧노랑나비

해마다 봄이 오면 벚꽃이 흐드러지게 피었다가 꽃잎이 바람에 떨어집니다. 그러면 꽃구경을 갔던 사람들은 떨어지는 꽃잎들을 보고 "예쁘다"며 감탄을 하지요. 그런데 빨간 점을 찍은 노란 꽃잎이 나풀나풀 날아다닌다면 어떨까요? 너무 예쁠 것 같지요? 바로 각시멧노랑나비가 그렇답니다.

4월이면 만날 수 있어요

매년 4월 초가 되면 각시멧노랑나비가 활동을 시작해요. 산에서 사는 산지성 나비지만, 가끔은 등산로 입구에서 관찰되기도 해요. 각시멧노랑나비는 전국 각지에서 관찰할 수 있어요. 독특하게도 성충으로 겨울잠을 자는데요. 매년 4월이 되면 산란을 위해 날아다니는 나비들을 관찰할 수 있답니다.

각시멧노랑나비 서식지, 등산로

동면 직전 먹이 활동하는 중

지역마다 약간씩 차이는 있지만, 일부 지역에서는 등산로를 활보하는 나비들을 관찰할 수 있어요. 물론 9월의 가을에도 동면(겨울잠)을 앞둔 성충들을 볼 수 있어요. 애벌레는 갈매나무의 잎을 좋아한다고 하네요.

각시멧노랑나비 vs. 멧노랑나비

그런데 이름이 비슷한 각시멧노랑나비와 멧노랑나비의 차이점은 뭘까요? 정말 닮았지요? 하지만 차이점이 있어요. 멧노랑나비의 붉은 점은 각시멧노랑나비 보다 크답니다. 날개의 가장자리에는 작고 까만 점들이 있어요.

각시멧노랑나비는 전국 어디에서나 볼 수 있지만, 멧노랑나비는 북부지역에서만 관찰 할 수 있어요. 가끔은 두 나비가 같이 발견되기도 한다는군요.

각시멧노랑나비

멧노랑나비

우리나라에도 이렇게 아름다운 나비가 있다니 놀랍지 않나요?
꽃잎이 날아다니는 것 같이 보일 때가 많아요. 이렇게 예쁜 나비가 추운 겨울을 지낸다고 하니 안쓰럽기도 하지만, 얼어 죽지 않고 잘 견뎌 낸대요.
우리도 겨울에 감기에 걸리지 않도록 잘 견뎌야겠죠? 각시멧노랑나비처럼요!

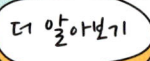 **우리나라의 대표적인 노랑나비들을 소개해요!**

각시멧노랑나비와 멧노랑나비 말고도 우리나라에는 여러 노랑나비들이 있어요. 사진의 맨 아래에 있는 나비가 바로 노랑나비인데요. 전국 어디서나 흔하게 볼 수 있고, 먹이 식물도 우리가 흔하게 볼 수 있는 토끼풀과 아까시나무(아카시아)예요.

노랑나비도 배추흰나비처럼 1년에 여러 번 발생하기도 해요. 암컷은 종종 흰색의 바탕을 가지고 있기도 하는데, 수컷은 이 흰색이 많은 암컷을 더 좋아한 대요. 나비도 예쁜 걸 알아보는 것일까요?

하지만, 남방노랑나비와 극남노랑나비는 남부지방에서만 볼 수 있어요. 남방노랑나비와 극남노랑나비는 매우 비슷하게 생겼지만, 역시 잘 보면 차이를 발견할 수 있어요. 남방노랑나비는 극남노랑나비에 비해 더 밝은색을 가지고 있어요. 가을에 나타나는 개체는 날개 뒷면에 까만 점무늬가 생기기도 해요. 하지만 극남노랑나비는 노란색이 많이 밝지도 않고, 윗날개 끝이 뾰족하게 발달해서 남방노랑나비와 차이가 있답니다. 먹이식물도 서로 비슷하게 겹치는 경우가 많은데, 남방노랑나비는 '비수리'라는 식물을 더 좋아하고, 극남노랑나비는 '차풀'이라는 나무를 더 좋아해요. 차풀은 열매가 콩 꼬투리를 닮았다고 하네요.

남방노랑나비와 극남노랑나비도 각시멧노랑나비같이 성충으로 겨울잠을 자요. 노랑나비는 번데기로 겨울잠을 자고요. 노랑나비과 식구들은 대체로 콩과의 식물을 좋아하는 것 같아요. 콩을 좋아하는 나비라 콩이 맛있나 봐요.

극남노랑나비 먹이식물인 차풀

남방노랑나비와 극남노랑나비도 마른 풀숲에 숨어서 겨울잠을 자요. 숨어버리면 주변의 마른 풀에 가려져서 거미조차도 발견할 수 없어요.

이제 노란색 날개를 가진 노랑나비 친구들을 잘 알겠지요?
지금은 나비 친구들을 만나기가 더 쉬워졌어요. 경기도 구리시에 있는 선유(www.sunyou.co.kr, 구리시 곤충생태관)에 가면 남쪽에서만 볼 수 있는 남방노랑나비를 많이 키우고 있다고 하니 꼭 가보도록 해요. 다른 나비들과 같이 남방노랑나비가 우리를 반갑게 맞이해 줄 거예요.

극남노랑나비 애벌레

04 호랑나비
날개무늬가 호랑이를 닮은 나비

- **활동시기** 4월 초~5월(봄형), 6~10월(가을형) 〈연 2~3회 발생〉
- **먹이식물** 귤나무, 탱자나무, 산초나무, 황벽나무, 머귀나무 등

떡갈나무 잎에서 쉬고 있는 호랑나비

호랑나비는 노랑나비와 배추흰나비와 같이 우리에게 매우 친숙한 나비예요. 우리나라에 최초로 기록된 나비라고 해요. 고대 기록에는 호랑나비를 '범나비'라고 기록되었고, '범'은 호랑이를 뜻하니까 딱 맞는 이름이었던 것 같아요.

운향과 식물을 좋아하는 호랑나비

호랑나비는 어딜 가나 볼 수 있었던 것 같아요. 아마 먹이식물도 흔하니까 많이 보였을지 몰라요. 호랑나비와 그 친구들은 '운향'이란 그룹에 속한 식물들을 먹는데, 탱자나무와 귤나무, 유자와 황벽나무, 산초나무 등의 잎을 먹고 자라요. 이 식물들은 잎을 따거나 잘라내면 은은한 향이 퍼지는데, 이것이 '운향과' 식물의 특징이랍니다. 특히 우리가 쉽게 볼 수 있는 산초나무나 탱자나무에서 흔하게 볼 수 있어요. 1년에 여러 번 발생하기 때문에 봄부터 가을까지 호랑나비를 만날 수 있어요. 그뿐인가요? 겨울에는 번데기도 찾기 쉬워요.

호랑나비의 어린 애벌레

다 자란 호랑나비 애벌레

호랑나비 애벌레가 사는 법

호랑나비나 제비나비의 애벌레는 어릴 때의 색깔이 꼭 새똥을 닮았어요. 거미나 새가 봐도 헷갈릴 정도예요. 다 자라 5령이 되면 녹색으로 변하는데, 역시 먹이식물의 나뭇가지와 비슷한 색을 가지고 있어서 발견하기가 어려워요. 등에는 뱀의 눈 같은 무늬가 있고, 머리 뒤쪽에는 지독한 냄새를 내는 '취각'이란 뿔을 숨기고 있으니 무서울 게 없을 거예요. 이 작은 애벌레가 가진 능력이 참으로 놀랍죠?

호랑나비의 애벌레는 녹색인데요, 환경에 따라 번데기의 색깔이 바뀌어요. 녹색의 나뭇가지에서 번데기가 되면 색깔도 녹색이 되고, 다른 나뭇가지나 담장 등에서 번데기가 되면 갈색이나 조금 칙칙한 색으로 옷을 갈아입지요. 천적에게 잡아먹히지 않기 위한 생존기술이지요. 와~ 변신도 자유자재네요!

전용(번데기가 되기 직전)

어때요? 우리에게 친숙한 호랑나비에게도 이렇게 신기한 부분이 있다는 거 잘 알겠지요? 아무리 흔하게 보여도 우리가 아끼고 사랑해줘야 한답니다.

호랑나비 번데기

05 애호랑나비
이렇게 귀여운 나비가?

- **활동시기** 4~5월 〈연 1회 발생〉, 지역마다 약간 차이가 있음
- **먹이식물** 족도리풀, 개족도리풀

흰얼레지 꽃의 꿀을 빨아먹는 애호랑나비

(제공: 지민주)

애호랑나비를 본 적 있나요? 우리나라에서 호랑나비란 이름을 가진 나비는 모두 3종류예요. 호랑나비와 산호랑나비, 그리고 애호랑나비랍니다. 크기도 호랑나비보다 작아요. 하지만 이 나비는 산으로 가야만 볼 수 있어요.

한 달밖에 볼 수 없어요

성충으로 활동하는 시기가 매우 짧고, 성충은 얼레지꽃을 좋아합니다.
그리고 지역마다 발생하는 위치가 달라요. 경기도 북부 지역이나 강원도에서는 낮은 곳에서도 애호랑나비를 발견할 수 있지만, 남부지방에서는 높은 산에서 주로 발견돼요.
성충으로 활동하는 시기도 4월 초나 중순부터 5월 중순이나 말까지, 약 한 달정도밖에 안 되는 짧은 기간 동안 활동하고 바로 산란에 들어가지요.
애호랑나비는 활동성이 강해서 서식지에서는 제법 먼 거리를 이동하는데, 산 능선을 따라 이동하기도 하고, 바람을 타고 날아가기도 한답니다.

남부 지방의 높은 산에서 서식

먹이식물인 족도리풀

족도리풀을 좋아해요

애호랑나비는 먹이식물인 족도리풀의 잎 뒷면에 약 10여 개의 알을 낳아요. 족도리풀은 뿌리까지 약으로 쓰이고, 연한 잎은 나물로 무쳐 먹기도 하는데, 전체적으로 독성이 있는 식물이어서 식용보다는 약용을 많이 해요.

알에서 깨어난 애벌레

애벌레는 깨어나면 엄청난 식욕을 자랑해요. 보통 새벽이나 초저녁에 잎을 갉아 먹는데, 순식간에 잎을 갉아 먹어요. 먹이식물이 부족할 때는 먹이식물을 찾아 이동하기까지 한다고 하니 그 엄청난 식성이 짐작되지 않나요?

애벌레는 까만 몸을 가지고 있고, 가느다란 털도 있는데 애호랑나비 애벌레도 취각을 가지고 있어서 천적이 많이 없는 편이에요. 그래도 항상 기생벌이나 거미 같은 천적들이 언제 공격할지 모르니 잎 뒷면에 잘 숨어있는 거예요. 건드리면 몸을 둥글게 말아 바닥으로 떨어져 죽은 척을 해요. 낙엽이 많은 곳으로 떨어져 숨어 있다가 위험이 사라지면 슬그머니 족도리풀로 다시 올라오지요.

애호랑나비 애벌레

애호랑나비 성충(제공: 지민주)

내 아이만 낳아줄래?

6~7월이 되면 애벌레는 낙엽이나 바위 밑에서 번데기가 되는데, 이 번데기로 이듬해 4월까지 지낸대요. 번데기 기간이 갈구리나비와 비슷하지요?

낙엽을 닮은 번데기는 무더위와 추운 겨울을 이겨내고 4월이 되면 마침내 멋진 날개를 가진 나비가 되는 거예요. 애호랑나비는 짝짓기 할 때 수컷이 암컷의 배에 자신의 이물질로 '수태낭'을 만드는데, 이렇게 하면 다른 수컷이 암컷과 짝짓기를 할 수 없어요. 오직 자신의 아이를 남기고 싶은 수컷의 바람 때문이라는군요.

모시나비와 붉은점모시나비도 이렇게 수태낭을 만들어요.

즉, 수태낭이 있는 나비를 잡으면, 그 나비는 짝짓기를 한 나비라는 것이지요. 이 나비를 잡으면 집에서 산란을 받을 수도 있어요. 애호랑나비는 세계 각국에서 널리 사랑받고 있는 나비로 우리도 우리의 애호랑나비를 많이 사랑해주기로 해요!

애호랑나비의 번데기들

06 산에서 만날 수 있어요! 산호랑나비

- 활동시기 5~6월(봄형), 7~10월(여름형) 〈연 2회 발생〉
- 먹이식물 백선, 방풍, 구릿대, 당근, 미나리 등

(제공 : 지민주)

산에서 만나는 호랑나비를 아나요? 호랑나비와 비슷하지만 다른 부분이 많은 친구예요. 색깔도 노랗고, 날개의 가장 안쪽은 까만 무늬가 있어서 호랑나비와 구별돼요. 산에서 사는 나비라 높은 지대를 가면 만날 수 있고, 산 정상을 날아다니기도 한답니다. 먹이식물도 호랑나비와 약간 달라요.

산호랑나비의 먹이식물

알려진 먹이식물들 중에는 탱자나무와 황벽나무도 있지만 잘 먹진 않아요. 오히려 우리에게 매우 친숙한 채소나 약으로 쓰이는 식물을 먹고 자라요. 우리의 식탁에서 자주 보는 미나리나 당근, 그리고 한약재로 쓰이는 백선이나 방풍 같은 식물을 먹고 자라요. 백선의 뿌리는 '봉삼'으로 불리고, 약효가 뛰어난 식물로 알려져 있어요.

산으로 가야만 만나는 나비가 당근을 먹는다니 놀랍죠? 당근이나 백선, 방풍, 구릿대 같은 식물들은 '산형과'라고 불리는 식물의 종류예요. 많은 꽃이 모여서 피는데, 그 모양이 독특하답니다.

당근의 잎

구릿대의 잎

맛있는 채소와 몸에 좋은 약초를 주로 먹는다니, 산호랑나비는 정말 튼튼할 것 같아요. 애벌레도 호랑나비와 달라 보여요. 검은 줄무늬가 마치 얼룩말 같고, 몸 옆에는 노란 점들이 일렬로 있어요. 다르게 보면 독이 있는 것처럼 보여요.

― 백선을 먹는 산호랑나비 어린 애벌레

성충과는 다른 애벌레의 식성

그리고 산호랑나비 애벌레의 식성은, 호랑나비 애벌레와 조금은 달라요.

우선, 산호랑나비의 암컷은 먹이식물의 꽃대나 꽃에 알을 낳아요.

알에서 깨어난 애벌레는 꽃을 먼저 먹기 시작한답니다. 꽃이 지고 열매가 열리면 단단한 씨앗 부분을 제외한 열매도 먹어요. 그리고 연한 잎을 먹다가, 종령 유충이 되면 튼튼한 잎도 거침없이 먹는 포식가가 된답니다.

구릿대의 잎을 먹는 종령 애벌레

산호랑나비 애벌레는 여러 마리가 모여서 사이좋게 먹이를 먹기도 해요.
옹기종기 모여 있다가 번데기가 될 때는 각자 원하는 자리로 이동을 하는데, 역시 주변의 환경에 따라 번데기의 색이 조금씩 달라지기도 한답니다.

산호랑나비 번데기

계절마다 조금씩 달라요

산호랑나비의 번데기는 호랑나비하고 달라서 전체적으로 완만한 모습을 지녀 무척이나 평범한 모습을 하고 있어요. 겨울을 지나도 나면 멋진 성충으로 우화를 해요.
그런데, 봄에 나오는 나비와 여름에 나오는 나비는 크기가 약간 달라요.

1년에 2번 이상 발생하는 나비들은 '계절형'이 있어요. 나비들 중에는 계절형 나비들이 있는데, 봄에 나오는 나비들은 대체로 크기가 작고, 색도 연하게 나와요.
하지만 여름에 나오는 나비들은 대개 크기도 더 크고, 색깔도 더욱 화려해요.
호랑나비나 제비나비들, 흑백알락나비나 노랑나비 등 종류도 꽤 많아요.

계절마다 나비의 크기나 색깔이 달라진다니 신기하지요?
계절형은 어떤 차이가 있는지, 제비나비를 소개할 때 알려줄게요.
산에서 만나는 호랑나비인 산호랑나비도 참 신기한 나비임에 틀림없는 것 같아요!

우화한 산호랑나비

2 · 화려한 날개의 나비 · 35

07 남방제비나비
남쪽의 터줏대감!

> 🕐 **활동시기** 4~6월 초(봄형), 6월 말~9월(여름형) 〈연 2회 발생〉
> 🍃 **먹이식물** 산초나무, 황벽나무, 상산나무, 탱자나무, 머귀나무

꿀을 빨아 먹는 남방제비나비

남방제비나비는 남부지방을 대표하는 제비나비입니다. 우람한 덩치에 특히 여름에 나타나는 여름형 나비의 암컷은 제비나비 중 가장 큰 편에 속해요. 애벌레도 다른 제비나비나 호랑나비보다 훨씬 크답니다. 전라남도에는 남방제비나비가 참 많습니다. 높지 않은 낮은 산에서도 볼 수 있고, 동네 뒷산에 올라가도 볼 수 있는 나비예요. 날개도 큰 만큼, 빨리 날지만 꿀을 빨아먹을 때는 의외로 사진 촬영이 쉬운 나비입니다. 긴꼬리제비나비처럼 날개가 가늘고 길면 촬영이 힘들어요!

남방제비나비의 먹이식물

남방제비나비도 호랑나비가 먹는 식물을 같이 먹어요. 성충은 꿀풀이나 누리장나무의 꿀을 좋아하고, 애벌레는 호랑나비와 같이 탱자나무나 황벽나무 같은 운향과 식물을 먹고 자라요.

계절형 : 1년에 여러 번 나타나는 나비는 색상의 진함이나 크기가 조금씩 달라요. 남방제비나비나 호랑나비는 봄형이 작고, 여름형은 훨씬 크고 색깔도 더 화려해요.

먹이식물인 상산

자귀나무 꽃의 꿀을 빨아먹는 남방제비나비

몸의 균형을 잡아주는 미상돌기

호랑나비나 제비나비의 뒷날개에는 '미상돌기'라는 돌기가 있어요. 이 돌기는 나비가 날아다닐 때 몸의 균형을 잡아주기도 하고, 방향을 바꿀 때 몸이 기울어지지 않도록 도와준다고 해요. 그런데 남방제비나비 중에는 종종 미상돌기가 없는 것이 나오기도 해요. 나비를 연구하는 사람들은 미상돌기가 없는 남방제비나비를 '무미형(無尾型)'이라고 부르는데, 인기가 많아요. 이렇게 크고 멋진 나비가 우리나라에 살고 있다니, 한번 만나보고 싶지 않나요?

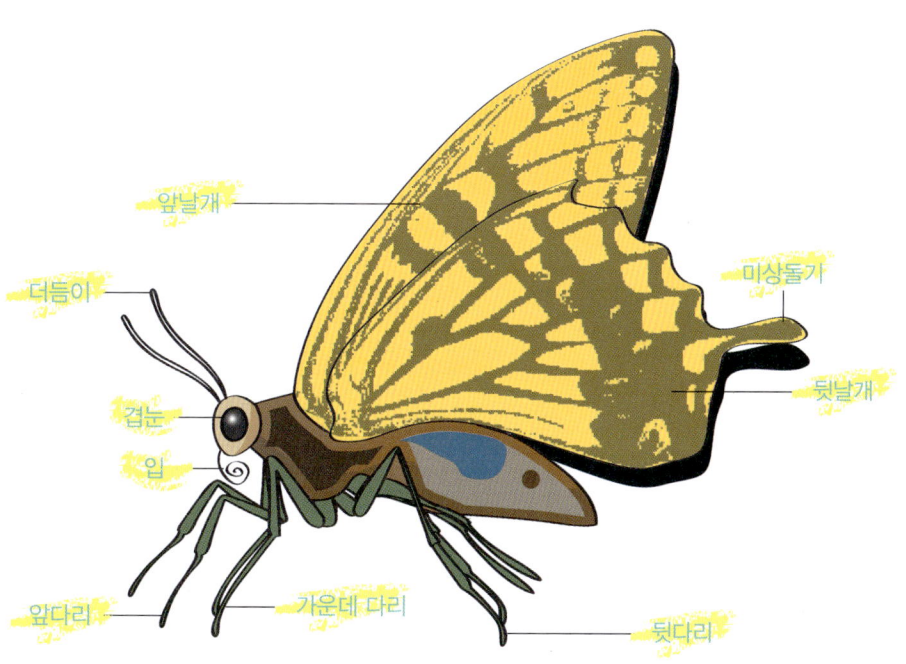

08

향기로운 냄새가 나요!
사향제비나비

🕐 **활동시기** 5~6월 (봄형), 7월~9월 (여름형) 〈연 2회 발생〉
🍃 **먹이식물** 쥐방울덩굴, 등칡

풀 위에서 쉬고 있는 사향제비나비

(제공 : 지민주)

'**사향**'이라는 말을 들어본 적 있나요? 사향노루에서 채취하는 사향은 매우 독특하고도 강한 향을 가진 물질이랍니다. 화장품이나 향수로 쓰이고, 약으로도 쓰여요. 그런데 나비들 중에서도 향기로운 냄새를 가진 나비가 있어요. 바로 호랑나비과에 속하는 '사향제비나비'랍니다.

강한 향내를 뿜어내는 수컷

사향제비나비는 특히 수컷이 강한 향을 가지고 있어요. 잡아서 몸통 쪽에 코를 가까이 대면 향기로운 냄새가 난답니다. 우리에게는 좋은 향기이지만, 새나 개구리는 별로 좋아하지 않는대요. 수컷은 전체적으로 까만색을 가지고 있지만, 뒷날개와 몸통이 붉은색을 가지고 있어서 독이 있는 독나비처럼 보이나 봐요. 사향제비나비의 향이 가장 강할 때는 번데기에서 우화할 때예요. 번데기를 방 안에서 우화시켜보면, 은은하고 향기로운 향이 방 안 가득히 퍼진답니다. 아름다운 나비가 향기로운 향을 낸다니 정말 신기해요!

덩굴식물을 좋아해요

하지만, 사향제비나비는 애벌레의 형태나 먹이식물이 다른 제비나비들과 달라요.

먹이식물인 등칡(쥐방울덩굴과)

사향제비나비 애벌레

사향제비나비의 애벌레는 쥐방울덩굴과 등칡이라는 덩굴식물을 먹고 자라요. 애벌레도 다른 제비나비 애벌레와 전혀 다르게 생겼어요. 온몸에 울퉁불퉁한 돌기가 있고, 검은색에 하얀 줄무늬가 있어서 꼭 독이 있는 벌레처럼 생겼어요. 식습관도 유별난데, 먹이식물의 줄기를 잘라놓는다고 하네요. 특이하게 생긴 녀석은 밥 먹는 습관도 참 특이하네요.

특이하게 생긴 번데기

사향제비나비는 번데기도 특이해요. 등이 새우의 굽은 허리처럼 구부러져 있어요. 호랑나비나 다른 제비나비들은 등이 반듯이 펴져 있지만, 사향제비나비 번데기만 등이 구부러져 있어요. 정말 먹이식물부터 모든 것이 신기할 뿐이네요!

등이 굽어있는 번데기

봄이 되면 철쭉이나 진달래 같은 꽃을 찾는 사향제비나비를 만날 수 있을 거예요. 봄에 나타나는 봄형은 크기도 약간 작고, 날개도 가늘고 길어 잘 날아다녀요.

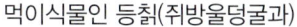
우화한 사향제비나비

긴꼬리제비나비나 제비나비와 같이 활동하니까, 다른 나비들 사이에 숨어 있는지 잘 찾아보는 건 어떨까요? 붉은색 몸을 가지고 있어 찾기 쉬울 테니 말이에요.

09 청띠제비나비

청색 무늬가 너무 멋진

- **활동시기** 5~6월 (봄형), 6월~9월 (여름형) 〈연 2~3회 발생〉
- **먹이식물** 후박나무, 녹나무

꽃 위에 앉아서 쉬는 청띠제비나비

남해안에서만 볼 수 있는 나비가 있어요. 초록색 줄무늬가 있는 '청띠제비나비'인데요. 이 나비의 먹이식물인 후박나무는 주로 남해안에 분포하기 때문이지요. 청띠제비나비는 봄과 여름에 남해안과 근접한 지역에 많아요.

남해안 후박나무를 좋아해요

전라남도 해남, 완도, 여수, 진도와 목포, 경상남도 거제와 동백섬, 제주도 등의 남해안과 한려해상국립공원 등 따뜻하고 후박나무가 자생하는 지역에 많답니다. 아름다운 만큼 날아다니는 속도도 아주 빨라서 날아다닐 때는 초록빛으로 빛나는 날개가 더욱 멋져 보인답니다.

후박나무는 새순이 붉은 색이고, 목재는 여러 용도로 쓰일 만큼 인기가 많아요. 경남 거제시나 전남 여수 같은 일부 지역에는 후박나무로 이루어진 숲이 있어서, 청띠제비나비가 살아가기에 좋은 환경이 갖추어져 있어요.

날아가는 청띠제비나비　　　　　　후박나무 새순에 붙어있는 알

특히 전남 여수나 목포시는 가로수로 후박나무를 많이 심기 때문에, 이 가로수에서도 청띠제비나비의 알이나 애벌레가 발견되기도 합니다. 다만 후박나무는 겨울에도 푸른 잎을 유지하기 때문에, 겨울에 번데기를 찾기가 어려워요.

천적들이 발견하기 어려워요

청띠제비나비 애벌레는 어릴 때에 몸에 돌기들이 있다가 성장하면 사라지는데, 주로 잎 뒷면에서 휴식을 취하는 경우가 많아요. 별다른 무늬는 없고, 전체적으로 초록색이 강하게 나타나서 잎을 갉아 먹어도 천적들이 발견하기는 어렵다죠.

청띠제비나비 애벌레

청띠제비나비의 번데기도 별다른 점은 없어요. 아래의 사진에서도 보면 산호랑나비 번데기와 비교를 해봐도 몸통 위에 뿔 같은 돌기 말고는 별 다른 차이점은 없어 보여요. 지금 사진 속의 번데기는 우화가 가까워져서 날개가 비쳐 보여요.

청띠제비나비 번데기(왼쪽)

따뜻한 남쪽을 좋아해요

청띠제비나비는 건강하고 튼튼해서 사육하기도 무척이나 쉽습니다. 단지 후박나무가 남해안에 있다 보니 잎을 구하기가 쉽지는 않아 보이죠?

2 · 화려한 날개의 나비 · 41

우화한 청띠제비나비

남해안에서만 발견되는 나비다 보니 살아있는 나비를 보려면 남해안으로 가야 해요. 그러나 몇몇 나비생태관 같은 시설들이 후박나무 묘목을 심고, 청띠제비나비 애벌레나 번데기를 구해서 사육을 시도한다고 들었어요. 청띠제비나비는 따뜻한 남해안에서 서식하기 때문에, 온도만 유지된다면 언제든지 사육할 수 있을 거예요.

어쩌면, 멀리서 사는 나비이기 때문에 더 아름다울지도 몰라요.

청띠제비나비는 우리의 눈을 즐겁게 해주는 멋진 친구예요!

손바닥 위에 앉은 청띠제비나비

10. 쇳빛부전나비
날개 색깔이 녹슨 쇳빛을 닮은

- **활동시기** 4~5월 (연 1회 발생)
- **먹이식물** 진달래, 철쭉, 조팝나무

철쭉에 앉은 쇳빛부전나비 암컷

'**부전**'은 '작고 아름답다'는 뜻을 가지고 있으며, 사진이나 액자의 모서리를 다치지 않게 끼우는 삼각형 모양의 틀을 말해요. 부전나비에 속한 나비들은 날개를 펼쳐도 새끼손가락과 비슷할 정도로 작답니다. 날개를 접으면 정말 삼각틀 모양과 비슷해 보여요. 그러고 보면 '부전'의 뜻이 잘 맞아 떨어지는 것 같지 않나요?

4~5월에만 만날 수 있어요

산 주변의 산책로나 저지대에서 활동하는 쇳빛부전나비는 1년에 딱 한 번, 4~5월에 나타납니다. 날개를 접으면 녹슨 쇠의 색깔과 같지만, 날개를 펼치면 아름다운 청람색(푸른빛을 띤 남색)이 나타나요. 그래서 이 나비가 날아다니면 쇳빛과 청람색이 어우러져 반짝반짝 거리며 날아가는 것 같아요.

철쭉과 진달래만 좋아해요

쇳빛부전나비 애벌레의 먹이식물은 진달래와 철쭉이랍니다. 진달래는 이른 봄에 산에 가면 볼 수 있고, 철쭉은 진달래가 지고나면 피는 우리에게 매우 친숙한 나무입니다. 하지만, 철쭉과 비슷하게 생긴 철쭉의 교배종인 '영산홍'은 먹지 않아요.

철쭉은 꽃봉오리가 깨끗하지만, 교배종인 영산홍은 꽃봉오리와 꽃받침이 끈적거려요!

등산로 입구의 교배종 철쭉

꽃봉오리에 낳은 알 (붉은 원 안)

매우 작은 알

알은 녹색인데, 매우 작아 눈에 잘 띄지 않아요. 애벌레 역시 녹색인데다가 꽃봉오리 안으로 파고 들어가거나, 꽃받침 아래에 숨어있어서 관찰이 좀 어렵답니다. 집에서 사육할 기회가 온다면 돋보기로 관찰할 수 있을 거예요.

— 철쭉 꽃봉오리를 먹는 애벌레

번데기 기간이 무려 10개월?

5월에 번데기가 되는데, 무려 10개월이 훨씬 지나 이듬해 4월에 나비로 우화해요. 번데기 기간이 너무 길어 지루할 것 같네요.

철쭉의 잎에서 된 번데기 —

쇳빛부전나비를 만나보고 싶지 않나요? 그럼, 봄이 올 때까지 조금만 기다려보기로 해요! 4월이 되어 진달래와 철쭉 꽃이 피면 한 번 나가봐요. 작고 아름다운 쇳빛부전나비가 빠른 날갯짓으로 우리를 반갑게 맞아 줄 거예요.

11 은은한 푸른 날개가 멋진
남방부전나비

- 활동시기 4~11월 〈연 3~4회 발생〉
- 먹이식물 괭이밥

남방부전나비는 전국 각지에서 볼 수 있는 흔한 나비랍니다. 1년에 3~4회나 발생할 정도로 생활사가 짧은 편이예요. 먹이식물인 괭이밥 역시 우리나라 어디서나 볼 수 있는 식물이지요. 토끼풀과 비슷해 보이지만, 다른 부분도 많답니다.

식구가 많아요

남방부전나비는 흔하고 개체수가 많다는 이유로 천대받기 쉬운 나비랍니다. 그러나 남방부전나비가 많기 때문에 산이나 들에서 피는 야생화의 많은 꽃이 수정을 이루고 열매를 맺을 수 있어요. 어때요? 꼭 필요한 나비지요?

남방부전나비 애벌레의 신기한 생활사

남방부전나비는 봄부터 가을까지 매우 활발하게 활동해요. 친숙한 나비지만, 애벌레의 생활사는 신기한 면이 많은 나비예요.

'부전나비'과에 속하는 나비들의 애벌레들은 대부분 납작한 짚신 모양이에요. 얼굴도 아래로 숙이고 천천히 이동하는데, 천적을 피해 먹이식물과 같은 색깔의 옷을 입는 경우가 많아요.

먹이식물인 괭이밥

잎 뒷면에 자리 잡은 애벌레

애벌레의 먹이식물인 괭이밥은 튼튼하고, 어디서나 잘 자라는 강인한 풀이랍니다. 심지어 버스 정류장 근처에서도 발견되기도 하니까요. 학교의 화단에서 특히 많은 수의 괭이밥이 자라나는데, 이는 남방부전나비의 훌륭한 산란장소가 되기도 합니다.

애벌레는 잎 뒷면을 갉아 먹으면서 성장을 하고, 겨울엔 괭이밥 뿌리근처로 숨어 겨울잠을 자요. 자극을 받으면 죽은 척을 하면서 땅으로 떨어지는데, 위험이 사라지면 다시 잎으로 올라가니 남방부전나비의 애벌레는 참 영리한 것 같아요.

— 남방부전나비 번데기 (붉은 원 안)

봄이 되면 애벌레는 겨울잠에서 깨어나 먹이활동을 한 후 번데기가 되는데, 약간 길쭉한 땅콩모양의 번데기가 되요. 약 15일 후 성충으로 우화 한 후 다시 활발하게 활동을 한답니다. 남방부전나비도 천천히 살펴보면 신기한 부분이 많지 않나요? 아무리 흔한 곤충이라고 해도, 가까이 다가가지 않으면 친구가 될 수 없다는 것, 그리고 친근하게 다가가면 친구가 될 수 있다는 것을 명심하도록 해요!

괭이밥 노란꽃의 꿀을 먹는 성충 —

주황색 날개를 가진 깜찍이
12 작은주홍부전나비

- **활동시기** 4~10월 〈연 수회 발생〉
- **먹이식물** 소리쟁이, 수영

작은주홍부전나비는 큰주홍부전나비와 함께 녹색부전나비아과에 속하는 나비 중 유일하게 강한 주황색의 날개를 가지고 있어요. 이 중 작은주홍부전나비는 전국 각지에서 발견이 되는데요. 먹이식물인 소리쟁이가 어디서나 흔하게 볼 수 있는 식물이기 때문이에요. 앞서 소개한 남방부전나비만큼 흔하게 만날 수 있는 나비랍니다.

소리쟁이를 찾아보세요
특히 작은주홍부전나비는 1년에 여러 번 발생하는데, 그만큼 우리도 쉽게 만날 수 있어요. 먹이식물인 소리쟁이만 찾으면 되요. 소리쟁이는 들판에서도 볼 수 있고, 집 주변의 화단이나 담장 아래 등 어디에서나 잘 자라기 때문에 찾기 어렵지 않아요.

작지만 강렬한 색의 날개
날개를 다 펼쳐도 남자 어른의 새끼손가락보다 작지만, 강렬한 날개의 색깔 때문에 날아다닐 때 반짝반짝 거리기도 해요. 가을에는 국화과 식물에 잘 모여들어요.

먹이식물인 소리쟁이

잎 뒷면의 애벌레 (붉은 원 안)

애벌레는 소리쟁이의 잎을 갉아 먹고 자라요. 색깔도 잎과 거의 똑같아서 찾기가 어려운 편이예요. 사진에서 표시를 하지 않으면 정말 찾기 어려워요.

추운 겨울도 잘 이기는 애벌레

가을에 태어난 애벌레는 애벌레의 상태로 겨울잠을 자는데, 잎 뒷면이나 뿌리근처에서 겨울을 지낸답니다. 추워 보이지만, 그래도 겨울을 잘 견뎌냅니다.

작은주홍부전나비의 애벌레는 소리쟁이의 주변의 낙엽이나 바위에 붙어 번데기가 되는데, 갈색이나 검은색의 옷을 입어 천적의 눈을 피해요. 그리고 약 10일이 지나면 예쁜 날개를 가진 성충으로 태어나지요. 이렇게 예쁜 작은주홍부전나비도 많이 좋아해주고, 아껴야겠지요?

줄기에 붙은 번데기 (붉은 원 안)

개망초 꽃 위에 앉은 성충

13 바둑돌부전나비
국내 유일의 순육식성 나비

● **활동시기** 5월 중순~10월 〈연 3~4회 발생〉
🌿 **먹이** 일본납작진딧물

이대 잎에 앉은 바둑돌부전나비

우리가 흔히 알고 있는 나비의 먹이는 무엇일까요?

달콤한 꿀, 시큼한 참나무 수액, 달짝지근한 단풍나무 수액, 바위나 땅에서 섭취하는 무기질 등 나비의 먹이는 참으로 다양합니다. 그런데 육식을 하는 나비가 있다는 거 혹시 알고 있나요? 육식을 한다고요? 긴 주둥이를 가지고 있는 나비가? 어떻게요?

반전이 있는 나비라구요?

날개 아랫면에 있는 까만 점이 마치 바둑알 같다고 하여 이름이 지어진 바둑돌부전나비. 하얀 바탕에 까만 점이 있지만, 날개를 펼치면 검은색이 돋보이는, 반전이 있는 귀여운 나비랍니다. 온 몸에 하얀 털로 덮여 있어 마치 흰 코트를 입은 것 같아요.

진딧물을 잡아먹는 육식 나비!

이렇게 작고 예쁜 나비가 육식을 한다는 것이 믿기지 않지요?
하지만, 애벌레와 성충, 모두 육식을 한답니다.

서식지인 이대 군락지

서식지에서 발견된 사체

바둑돌부전나비는 대나무 밭이나 신이대, 이대의 군락지에서 발견할 수 있어요. 여기에서는 많은 수의 일본납작진딧물이 서식을 해요. 하얀 진딧물은 잎 뒷면에 모여 지내면서 즙을 빨아먹는 해충이랍니다.

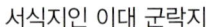
일본납작진딧물을 먹는 애벌레

바둑돌부전나비의 애벌레는 이 진딧물을 잡아먹어요. 성충은 진딧물의 분비물을 먹는데, 정말 신기한 식사습관이죠? 진딧물의 숫자도 많아서 먹이가 부족할 걱정은 없어요. 겨울이 되면 애벌레는 진딧물들 사이에서 겨울잠을 자고, 봄이 되면 다시 진딧물을 잡아먹는답니다. 가까이 다가가면 먹이를 먹는 소리까지 들려요. 번데기는 작고 조그만데, 마치 투명한 물방울 같이 생겼어요. 너무 작아서 잘 보이지도 않는다고 하네요.

바둑돌부전나비의 번데기

어때요? 육식을 하는 나비!
정말 신기하지 않나요?

14 담색긴꼬리부전나비
뒷날개에 긴 꼬리가 달린

- 활동시기 6~8월 〈연 1회 발생〉
- 먹이식물 떡갈나무, 갈참나무

부전나비 중에는 신갈나무나 갈참나무, 상수리나무같이 도토리가 열리는 참나무 숲에서 살고 있는 종류가 많이 있어요. 그중에는 뒷날개에 긴 꼬리가 달린 긴꼬리부전나비 종류가 있답니다. 녹색 빛이 나는 녹색부전나비 그룹에 속한 긴꼬리부전나비들은 크게 3종류로 나뉘어져요. 긴꼬리부전나비, 담색긴꼬리부전나비, 그리고 물빛긴꼬리부전나비가 있어요. 그중 담색긴꼬리부전나비를 살펴보기로 해요.

왜 '긴꼬리'라는 이름이 붙었을까?

숲에서 살고 있는 담색긴꼬리부전나비는 날개를 펼치면 어두운색이지만, 날개를 접으면 까만 무늬가 있는 하얀 날개가 드러나요. 뒷날개에는 '미상돌기'라는 돌기가 있는데, 이 미상돌기가 있는 다른 나비들보다 유난히 더 길어서 '긴꼬리'란 이름이 붙었다고 해요. 딱 맞는 이름 같지요?

담색긴꼬리부전나비는 울창한 참나무 숲에서 사는데, 아침부터 숲을 활발하게 날아다녀요. 낮에는 참나무 잎에 앉아 휴식을 취하고요.

갈참나무의 새순과 어린 잎

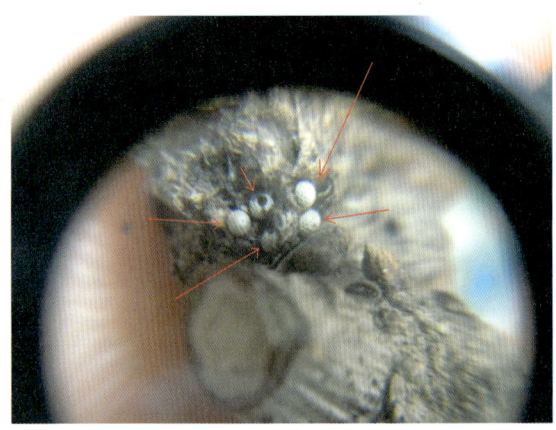
갈참나무 가지의 알 (화살표)

참나무에 알을 낳아요

암컷은 가을에 떡갈나무나 갈참나무의 겨울눈이나 그 근처에 알을 낳는데, 알은 그대로 겨울잠을 자고 봄이 되어 나무가 싹을 트면 애벌레도 깨어나지요.

애벌레는 새순과 어린잎을 갉아 먹다가, 성장하면서 큰 잎도 갉아 먹으며 지내게 됩니다. 주로 새순 근처에서 휴식을 취하는데, 주변의 색과 비슷해서 찾기 어려워요.

갈참나무 잎을 먹는 애벌레

번데기는 참나무 주변이 좋아요!

번데기 될 때가 가까워지면 애벌레의 먹이활동은 더욱 활발해진답니다. 맛있는 잎을 찾아 나뭇가지를 이리저리 옮겨 다니고, 잎 뒷면에서 휴식을 취하기도 하면서 성장해 갑니다. 번데기가 되기 직전에는 색도 약간 갈색으로 변해요. 이제는 나무줄기 아래로 내려오게 됩니다. 번데기가 될 최고의 장소를 찾게 되지요.

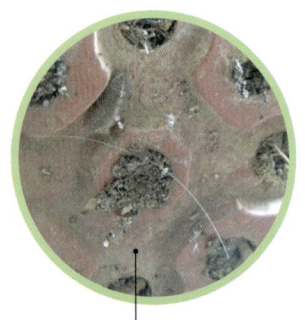
번데기 될 장소를 찾는 애벌레

가장 안전한 장소는 참나무 아래에 쌓여 있는 낙엽이나, 근처에 있는 바위틈이에요. 이런 장소는 천적의 위험을 피하면서, 가장 안전하게 우화할 수 있는 곳이랍니다. 적당한 장소를 찾으면 실로 자신의 몸을 번데기가 될 장소에 고정을 시킵니다. 그리고 드디어 오뚝이 모양의 번데기로 탈바꿈하게 돼요.

낙엽에 자리 잡은 번데기

번데기도 갈색이라 거의 눈에 띄지 않는데, 이렇게 안전 장치를 완벽하게 해야 비로소 멋진 나비로 탄생하게 돼요. 우화를 하면 다시 멋진 날개를 펼쳐서 참나무 숲을 자유롭게 날아다닐 수 있게 돼요.

긴꼬리부전나비 vs. 담색긴꼬리부전나비

사진을 보면 긴꼬리부전나비와 담색긴꼬리부전나비가 상당히 비슷해 보이지요? 긴꼬리부전나비는 짙은 검은색에, 윗날개에는 옅은 무늬가 있어요. 하지만 담색긴꼬리부전나비는 무늬도 없고, 검은색 바탕도 옅게 보여요. 뒤집어 보면 검정 무늬도 다르답니다. 물빛긴꼬리부전나비도 그렇고요.

긴꼬리부전나비와 담색긴꼬리부전나비

뒷날개에 있는 미상돌기는 날아다닐 때에 몸의 균형을 잡아줍니다.
이렇게 멋진 나비가 참나무 숲을 날아다니기 때문에, 숲은 더 활기가 넘치는 것 같아요. 무더운 여름에 산에서 이 친구를 만나면 반갑게 인사하기로 해요!

15 뿔나비
아랫입술수염이 뿔처럼 생긴

- 활동시기 6~11월, 8월~월동 후 3~5월 〈연 1회 발생〉
- 먹이식물 팽나무, 풍게나무

일광욕 중인 뿔나비

뿔나비는 전국 각지에 사는 매우 흔한 산림성 나비로, '아랫입술수염'이란 기관이 뿔처럼 길게 튀어나와 붙여진 이름이에요. 성충으로 월동하는데, 여름에는 여름잠을 자기도 해요. 보통 땅에 수백 마리가 앉아 있다가 놀라면 일제히 날아오르는데, 정말 멋져요. 마치 수많은 낙엽이 날아다니는 것처럼 보이지요.

뿔나비의 먹이식물

뿔나비는 먹이식물인 팽나무와 풍게나무가 많은 곳에서 관찰할 수 있어요. 특히 등산로 주변 화장실이나 임도에 많아요. 흙 속에 있는 소금기나 무기질을 먹는 것을 좋아하고 고인 물도 곧잘 먹어요.

날개를 접으면 마치 낙엽처럼 보이기 때문에 가까이 다가가도 헷갈릴 때가 많아요. 또 예민해서 누군가 다가가기만 해도 도망쳐버린답니다.

알은 어디에 낳을까?

뿔나비는 키가 큰 팽나무나 풍게나무에 알을 낳는데, 마치 포도송이가 열린 것처럼 엄청나게 많이 낳아요. 그래서 나무 한 그루에 수백 마리 이상의 애벌레들이 모두 잎을 갉아 먹기도 해요. 뿔나비의 애벌레는 위험을 느끼면 일제히 입에서 실을 뽑아 나무 아래로 도망가고, 위험이 사라지면 다시 실을 타고 올라와요.

뿔나비 애벌레

애벌레가 참 많아요

또, 애벌레도 워낙 많다보니 번데기가 될 때도 일제히 나무 아래로 떨어져, 주변 식물에서 번데기가 되는 경우가 많아요. 물론 애벌레가 워낙 많다보니 거미나 새 같은 천적들에겐 뷔페식당을 차린 것이나 마찬가지지요.

먹이식물인 팽나무

하지만, 숫자가 많은 덕분에 매년 봄이 되면 등산객들의 색다른 볼거리가 됩니다.
또 그만큼 먹이도 많고, 환경도 깨끗하다는 거겠지요.
매년 4~5월에 산에 가보세요. 수천마리의 뿔나비들이 우리를 환영해 줄 거예요!

경기도 가평군 청평면 화야산 임도의 뿔나비들 (제공: 이상현)

16 4개의 다리로만 생활하는 네발나비

- 활동시기 6~8월(여름형), 8월~월동 후 5월(가을형) 〈연 2~4회 발생〉
- 먹이식물 환삼덩굴

담장 위에 앉은 네발나비

네발나비는 여름과 가을에 흔히 볼 수 있는 나비로 앞다리가 퇴화되어 4개의 다리로만 생활하기 때문에 붙여진 이름이에요. 실제로 네발나비과 모두 앞다리가 퇴화되었으며, 산란하기 위해 먹이식물을 구별하거나, 맛을 느끼는 것 말고는 거의 사용하지 않아요. 네발나비를 우리가 흔히 볼 수 있는 이유는 무엇일까요?

네발나비의 먹이식물

나비가 많으려면 환경이 깨끗해야 하고, 적당한 온도와 습도, 그리고 풍부한 먹이가 있어야겠죠? 네발나비의 먹이식물은 우리가 매우 쉽게 보고, 접하는 덩굴식물이랍니다. 잎과 줄기에 잔가시가 나 있는 '환삼덩굴'이에요. 뽕나무과에 속하는 이 덩굴식물은 어디에서나 볼 수 있고, 생명력도 매우 강한 식물로 알려져 있어요.

먹이식물인 환삼덩굴의 잎과 꽃

성충은 참나무 수액이나 썩은 과일 등을 좋아하고 젖은 땅에서 물을 빨아먹기도 해요. 나비가 꿀을 별로 좋아하지 않다니 특이하지요?

넓적사슴벌레와 함께 수액을 먹는 성충

집을 지어 숨어 살아요

네발나비는 애벌레가 더 특이해요. 부드러운 식물도 아니고, 저렇게 거칠고 따가운 잔가시가 있는 덩굴을 먹는다니요. 게다가 습성도 무척 신기하답니다.

애벌레는 자잘한 가시로 무장하고 있고(사람은 쏘지 않아요), 역시나 가시가 많은 환삼덩굴을 먹으니 천적이 두렵지 않을 것 같지만, 겁이 많아 잎으로 집을 짓고 살아요. 입에서 실을 토해내 잎 가장자리를 실로 연결해 집을 만들고 숨어 지내지요.

네발나비의 친구 중에서도 집을 짓는 친구들은 많아요.

벌개미취 군락 위의 네발나비

겨울잠 자는 네발나비

죽은 듯 겨울잠을 자요

가을이 되면 네발나비는 겨울잠을 준비하기 위해 먹이를 찾아 다녀요. 특히 벌개미취나 개망초 같은 국화과 식물들과 잘 익은 감의 즙을 좋아해요. 이렇게 먹이를 먹고 나면 낙엽이나 잎 뒷면으로 숨어서 추위를 피하면서 겨울잠을 자는데, 이때는 건드려도 움직이지 않고 죽은 것처럼 겨울잠을 자요.

흔하게 만나는 네발나비의 생활도 알고 보면 참 신기하지요?

17 공작나비

날개에 공작무늬가 있는

- 활동시기 6월 중순~월동 후 5월 (연 1회 발생)
- 먹이식물 쐐기풀, 가는잎쐐기풀, 환삼덩굴

쑥 잎에 앉아서 쉬고 있는 공작나비

(제공: 지민주)

강원도 일부 지역에 매우 드물게 관찰되는 공작나비는 붉은색의 바탕에 공작새의 무늬가 있는 매우 화려한 나비입니다. 날개를 접으면 어두운색이 드러나 반전의 매력이 있는 나비이기도 하죠. 공작나비는 드물게 관찰되는 희귀한 나비로 특히 강원도 해산령에서 주로 관찰이 됩니다. 먹이식물인 가는잎쐐기풀이 있기 때문이지요. 쐐기풀은 경기, 강원도에서 관찰이 가능한 식물이에요.

공작나비 애벌레의 유별난 식성

쐐기는 독가시가 있는 쐐기나방의 애벌레로 만지면 가시에 찔려 매우 아픕니다. 쐐기풀의 가시에 찔려도 극심한 통증이 와요. 쐐기풀과의 식물들 중 쐐기풀, 혹쐐기풀, 가는잎쐐기풀은 잎과 줄기, 심지어 꽃대에도 가시가 있어 스치기만 해도 심한 통증이 유발되는 무서운 식물이에요.

그런데 이런 식물을 공작나비 애벌레는 맛있게 먹으니 식성 참 유별나지 않나요?

가시로 무장한 혹쐐기풀

공작나비 애벌레

성충으로 겨울잠을 자는 공작나비는 봄이 되면 깨어나 쐐기풀의 잎 뒷면에 많은 알을 낳는데, 마치 청포도가 열린 것처럼 보인대요. 애벌레들은 무리 지으면서 먹이활동을 하다가 성장하면 흩어지게 돼요. 또 다른 먹이로는 환삼덩굴이 있지만, 1~2령 때 어린잎만 먹어요. 혹쐐기풀도 잘 먹지는 않고, 새순만 먹는대요.

역시 공작나비들에게는 쐐기풀과 가는잎쐐기풀이 입맛에 맞나 봐요.

쐐기풀은 예쁜 나비만 좋아해!

그런데 이 쐐기풀을 먹는 나비가 또 있는데, 바로 쐐기풀나비예요. 이름만 들어도 알 수 있듯이 모든 쐐기풀을 주식으로 삼아요. 하지만 쐐기풀나비는 매우 귀해서 관찰이 어려워요. 공작나비는 강원도에 가면 볼 수 있지만, 쐐기풀은 개체수가 매우 적어 관찰이 어렵답니다. 하늘의 별 따기 만큼 보기 어려워요!

공작나비 표본

쐐기풀나비 표본

공작나비와 비교가 되지 않지만, 쐐기풀나비도 참 예쁜 나비예요. 그러고 보면 쐐기풀을 좋아하는 나비들은 예쁜 나비들 밖에 없는 것 같아요.

이 아름다운 공작나비가 많이 퍼져서 만나기 쉬웠으면 좋겠죠?

18 너무 멋진 날개를 가진 **큰멋쟁이나비**

🕐 **활동시기** 5월~11월, 이듬해 5월 〈연 1회 발생〉
🌿 **먹이식물** 모시풀, 거북꼬리, 가는잎쐐기풀, 느릅나무

손에 앉은 큰멋쟁이나비

나비 중에는 '멋쟁이나비'가 있어요. 날개무늬가 얼마나 멋이 있으면 멋쟁이나비라고 부를까요? 한국에는 '큰멋쟁이나비'와 '작은멋쟁이나비'가 있어요.
이번에 소개할 친구는 '큰멋쟁이나비'랍니다. 큰멋쟁이나비는 낮은 산이나 시골의 마을 주변에서 흔하게 볼 수 있는 나비인데요. 매우 힘차게 날아다녀요.

모시풀이 좋아요!
성충은 가을에 많이 볼 수 있는데, 담장에 앉아 있거나 오래된 감에 앉은 모습을 볼 수 있어요. 특히 모시풀이 많은 곳에 모여들어요. 모시풀은 우리가 먹는 모시떡의 재료가 되는 식물이에요. 모시풀과 거북꼬리, 그리고 느릅나무의 잎에 산란을 해요.

멋진 집을 지어요!
큰멋쟁이나비는 매년 봄이 되면 모시풀이나 느릅나무 주변에 모여들어서 여럿이 모여서 짝짓기를 하기도 해요. 그래서 애벌레를 발견하게 되면 그 주변에 여러 마리가 같이 발견되기도 하는데, 마치 연립주택 같이 보이기도 해요.

모시풀과 애벌레 집

느릅나무의 잎에 만든 집

큰멋쟁이나비 애벌레도 멋진 집을 지어요. 알에서 갓 태어난 어린 애벌레도 실을 토해내 멋진 집을 짓고 그 안에서 지내요. 잎을 말아서 만든 집은 거미의 접근을 막아주고, 강렬한 햇빛도 막아주는 멋진 주택이랍니다. 어릴 때는 새순 같은 작은 잎을 여러 장 겹쳐서 만들지만, 성장하면 큰 잎으로 집을 만들게 돼요.

느릅나무 잎 안의 애벌레

번데기가 되는 과정

번데기도 보통은 집 안에서 돼요. 하지만 집을 만들 잎이 부족하거나, 서식지에 애벌레가 많아지면 흩어져서 주변의 다른 나뭇가지나 집 담벼락 근처에서 번데기가 되기도 해요. 약 15일이 지나면 우화를 하는데, 날개를 천천히 펼치면 멋진 날개가 서서히 모습을 드러내게 되요. 그리고 날개가 마를 때까지 휴식을 취합니다.

모시풀 줄기에서 된 번데기

날개를 접으면 멋쟁이!

성충은 매우 활발하게 날아다니고, 가끔 사람의 몸에 붙어서 땀으로 인해 생긴 소금기를 먹기도 해요. 날개를 접으면 어두운색에 멋진 무늬가 있어서 왜 이름에 '멋쟁이'가 붙었는지 이해하게 된답니다.

담장에서 우화한 큰멋쟁이나비

큰멋쟁이나비에게는 작은멋쟁이나비라는 친구가 있어요. 날개를 펼치면 무늬는 비슷하지만, 작은멋쟁이나비는 더 밝은색이랍니다. 날개를 접으면 더욱 확실하게 구별이 돼요. 작은멋쟁이나비의 먹이식물은 '쑥'인데요, 애벌레는 잎과 줄기를 사용해 집을 만들어 지내요. 애벌레는 큰멋쟁이나비보다 털이 많아요.

매년 가을에 시골의 감나무를 찾아보면 네발나비와 같이 홍시의 즙을 먹거나, 담장에 앉은 큰멋쟁이나비를 만날 수 있을 거예요.

그때 우리 모두 인사해요! 안녕~

작은멋쟁이나비

19 날개 아랫면에 별을 박은
별박이세줄나비

- **활동시기** 5월 하순~9월 〈연 2~3회 발생〉
- **먹이식물** 조팝나무

사육 중인 별박이세줄나비

한국의 나비 중에는 '세줄나비' 종류가 있습니다. 검은색 바탕에 하얀 줄무늬가 가로로 세줄로 되어있는데요. 그중에는 날개 아랫면에 마치 별을 박은 것 같은 무늬를 가진 나비가 있습니다. 전국의 산에서 만날 수 있는 '별박이세줄나비'예요.

등산로에서 자주 만나요

별박이세줄나비는 전국의 등산로나 임도에서 관찰할 수 있어요.
숲을 이리저리 천천히 날아다니다가, 갑자기 방향을 바꾸기도 하는 재미있는 친구예요. 야생화의 꿀과 활엽수의 수액, 썩은 과일 등 다양한 먹이를 먹어요. 이 나비 역시 등산객의 모자에 종종 내려앉기도 한답니다.

별박이세줄나비의 먹이식물과 산란

그런데 이 나비의 먹이식물은 우리에게 매우 친숙한 식물이에요.
별박이세줄나비의 먹이식물은 '조팝나무'랍니다. 조팝나무는 봄에 하얀 꽃이 다닥다닥 피는데, 꽃이 피는 모양은 마치 나뭇가지에 밥알을 포도알처럼 붙인 것 같아요.

먹이식물인 조팝나무 꽃

조팝나무 잎 뒷면의 알 (붉은 원 안)

꽃이 떨어질 때쯤 잎이 무성해지는데, 새순의 잎 뒷면에 알을 낳아요.
알은 녹색으로, 독특한 무늬를 가지고 있어요. 잎 하나에 2개 이상 낳기도 해요.
애벌레는 잎 중간을 잘라 엮어서 집을 만들어 지내요. 겨울이 되면 이 집에서 애벌레 상태로 겨울잠을 자요. 추워 보이지만, 춥지도 않고 겨울을 잘 이겨낸대요.

집을 짓기 시작한 애벌레

말린 낙엽처럼 생긴 번데기

봄이 되면 깨어나 먹이활동을 하고 번데기가 되는데, 번데기의 모양은 마치 말린 낙엽처럼 보여 찾기 어려워요. 이것은 '세줄나비과'에 속하는 모든 나비도 마찬가지랍니다. 어때요? 연약하고 가냘퍼 보이는 나비에게 신기한 재주가 많지요?

아마, 산으로 가게 되면 별박이세줄나비가 우리를 맞아줄 거예요. 그리고 조팝나무의 잎에서는 집을 짓고 사는 애벌레도 만날 수 있을 거예요. 이 귀여운 건축가를 만나면 집 짓느라 수고했다고 인사해보세요.

낙엽으로 위장한 번데기 (붉은 원)

20 암끝검은표범나비
암컷의 날개 끝이 까만

- **활동시기** 3~5월(봄형), 6~9월(여름형) 〈연 3~4회 발생〉
- **먹이식물** 제비꽃, 미국제비꽃, 팬지 등

암끝검은표범나비 수컷

남부지방의 대표 격인 암끝검은표범나비는 이름 그대로 암컷의 날개 끝이 검은색이어서 붙여진 이름이에요. 도심의 아파트 화단이나 공원에서도 쉽게 만날 수 있고, 멋진 표범무늬 날개는 가까이 다가가서 관찰하면 정말 멋지답니다.

제비꽃을 좋아해요

우리나라에서 살고 있는 표범나비 종류의 대부분이 제비꽃을 좋아하는데요. 제비꽃과 졸방제비꽃, 종지나물이라고 불리는 미국제비꽃과 '팬지'란 이름으로 우리에게 친숙한 삼색제비꽃 등 모든 제비꽃을 좋아해요. 제비꽃은 튼튼해서 어디서든 잘 자라지요.

제비꽃이 있는 곳이라면……

암끝검은표범나비 같이 암수가 다른 친구로는 '암검은표범나비'가 있어요. 역시 이름 그대로 암컷은 옅은 검은색이어서, 암수가 같이 있으면 다른 나비로 착각할 정도로 매우 다르답니다. 암검은표범나비는 전국에서 관찰이 가능한 친구에요.

먹이식물인 제비꽃

먹이식물인 삼색제비꽃(팬지)

남쪽지방에는 암끝검은표범나비가 정말 많이 발견됩니다. 특히 제비꽃이 많은 무덤가나 아파트 화단에 날아들어 산란하는데, 산란하는 알도 정말 많이 낳아요. 제비꽃의 잎이나 꽃대, 줄기 뿐 아니라 근처의 낙엽과 바위, 심지어 다른 나무의 줄기 등 제비꽃과 가까운 곳이라면 어디든지 산란을 합니다.

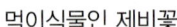
흡밀(꿀 빠는)하는 암끝검은표범나비 암컷

무섭게 생긴 애벌레지만……

애벌레는 알에서 깨어나면 폭풍 식사량을 자랑하는데요. 애벌레의 모습만 보면 좀 무섭게 생겼어요. 온몸에 가시 같은 돌기가 있고, 빨간 줄무늬가 머리부터 몸통 끝까지 나 있어서 마치 독이 많은 애벌레로 보이거든요. 그런데 국내에 서식하는 모든 나비의 애벌레는 독이 없어요. 또한 가시 역시 날카로워 보이지만, 사람을 쏘지도 않고 말랑말랑해요. 나비의 애벌레 중에는 굵은줄나비의 애벌레가 가장 긴 가시들로 무장을 하고 있지만, 역시 독도 없고 말랑말랑하답니다.

이것은 결국 연약한 애벌레가 할 수 있는 최고의 방어 무기인 셈이에요.
자신을 보호하기 위해 독이 있는 것처럼 위장하다니, 정말 똑똑하죠?

제비꽃의 잎을 먹는 애벌레

거꾸로 매달려 사는 번데기

네발나비과에 속하는 나비들의 번데기는 거꾸로 매달려 있어요. 이렇게 번데기가 거꾸로 매달리는 것을 '수용(垂 드리울 수, 蛹 번데이 용)'이라고 불러요. 다른 나비들은 번데기가 실로 고정되어 있는데 이것은 '대용(帶 띠 대, 踊 번데기 용)'이라고 해요. 암끝검은표범나비는 우화하면서 붉은색의 노폐물을 배설하는데, 마치 핏방울 같이 붉어 깜짝 놀랄 수 있어요.

암끝검은표범나비 번데기 (아래)

암끝검은표범나비가 보고 싶다면 8~9월에 남쪽지방으로 여행을 가보세요. 벌개미취 같은 국화과 식물의 화단에 정말 많은 수의 나비들을 볼 수 있을 거예요. 암끝검은표범나비는 정말 아름다운, 멋진 나비임에 틀림없는 것 같아요!

— 우화한 암끝검은표범나비 암컷

21 검정 줄무늬가 멋진
흑백알락나비

- **활동시기** 5~6(봄형), 7~8월(여름형) 〈연 2~3회 발생〉
- **먹이식물** 팽나무, 풍게나무

바위의 젖은 물을 먹는 흑백알락나비 봄형

(제공 : 지민주)

흑백알락나비는 홍점알락나비, 왕오색나비, 수노랑나비와 함께 참나무의 수액을 좋아하고, 팽나무 주변을 날아다니는 것을 좋아하는 흔한 나비랍니다.
단순하게, 이름 그대로 흰색과 검은색으로만 이루어져 단순해 보이지만, 먹이를 먹는 긴 대롱 같은 입은 노란색이어서 포인트가 있어요. 또한 흑백알락나비는 봄과 여름, 두 번 나타나는데, 무늬가 조금 달라요. 봄형은 검은색 무늬가 줄무늬로 생겼지만, 여름형의 날개무늬는 검은색 무늬가 조금 더 많아서, 같이 놓고 보면 달라 보여요.

작지만 공격성이 강해요

흑백알락나비는 높은 산이나 낮은 산 어디서나 볼 수 있고, 팽나무가 있다면 마을 뒷산에서도 관찰할 수 있어요. 특히 주변에 수액이 나오는 참나무가 있다면 흑백알락나비가 정말 좋아하는 환경이 되는 거지요. 흑백알락나비는 날갯짓이 강해 먹이를 먹을 때 다른 곤충들을 쫓아내기도 해요. 그리고 자신의 활동 반경에 새가 날아들면 쫓아낼 정도로 강한 공격성을 가지고 있답니다.

팽나무 묘목

겨울잠 자는 애벌레 (붉은 원 안)

흑백알락나비의 애벌레

흑백알락나비는 애벌레로 겨울잠을 자는데, 팽나무나 풍게나무의 뿌리 부근에 쌓여 있는 낙엽 밑에서 겨울잠을 자요. 왕오색나비나 홍점알락나비 애벌레와 같이 겨울잠을 자기도 해요. 사진에는 왕오색나비 애벌레랑 같이 있네요. 왕오색나비 애벌레는 등에 돌기가 4개가 있어요. 홍점알락나비 애벌레는 등에 큰 돌기가 2개 있고, 몸이 뚱뚱한 편이에요. 흑백알락나비 애벌레는 등에 작은 돌기가 2개가 있어 다른 애벌레와 쉽게 구별이 된답니다. 야외에서 애벌레를 만나도 구별할 수 있겠지요?

동면에서 깨어난 애벌레

싸움꾼처럼 보이지만 평화주의자

동면에서 깨어난 애벌레는 나무 위로 올라가 막 돋아난 잎을 갉아 먹고 지내요. 성장을 하면서 점점 잎에서 쉬는 날이 많아지는데요. 쉴 때는 머리를 들고 쉬어요. 잎을 먹다가도 천적이 다가오는 것이 느껴지면 머리를 들고 가만히 있어요.

팽나무 잎에서 쉬는 애벌레

머리에는 2개의 뿔이 있어 싸움을 잘할 것처럼 보이지만, 싸움을 좋아하지 않아요.

잎에 앉은 애벌레는 찾기 쉬워 보이지만, 몸 색깔이 잎과 똑같아서 찾기가 어려워요.

하지만 아무리 숨어 있어도 기생벌의 레이더에는 어김없이 잡힌다고 하네요.

번데기가 되기 직전의 애벌레   잎을 닮은 번데기

나뭇잎을 닮은 번데기

번데기가 될 때가 다가오면 잎 뒤에서 자리를 잡다가 번데기가 되는데, 번데기는 마치 나뭇잎을 닮았습니다. 잎을 닮은 번데기라…… 신기하지 않나요?

흑백알락나비는 흔해서 천대받기 쉽지만, 생활사를 관찰하다보면 신기한 부분이 정말 많습니다. 우리 흑백알락나비도 더 많이 사랑해주기로 해요!

흑백알락나비 여름형 (제공: 류재원)

22 출싹거리며 날아다니는 줄점팔랑나비

- **활동시기** 5월 하순~11월 (연 2~3회 발생)
- **먹이식물** 벼, 강아지풀, 잔디, 참억새 등

휴식을 취하는 줄점팔랑나비

줄점팔랑나비는 어디에서나 흔하게 만날 수 있는 팔랑나비입니다. 이름 그대로 상당히 출싹거리면서 날아다니는 게 특징이에요. 줄점팔랑나비의 먹이식물도 매우 흔해서 개체수가 많아요. 주로 벼과 식물을 좋아한답니다.

벼과 식물을 좋아해요

줄점팔랑나비는 강아지풀이나, 억새, 벼 등을 좋아하는데, 특히 농약을 치지 않는 논에서도 자주 발견돼요. 일부 지역에서는 줄점팔랑나비가 늘어나서 벼의 해충이라고 생각하기도 했다네요. 만약, 개구리나 사마귀, 거미 같은 천적들이 없었더라면 줄점팔랑나비 애벌레가 벼를 다 갉아 먹어 버렸을지 몰라요.

독특한 자세로 쉬어요

줄점팔랑나비는 서식지 주변의 나뭇잎에 앉아서 쉬는데, 윗날개를 들고 아랫날개를 아래로 내려서 상당히 독특한 포즈로 앉아 있기도 해요. 팔랑나비들 대부분이 이렇게 휴식을 취한다고 하니, 다음에 꼭 한 번 관찰해보세요.

잔디에 낳은 알

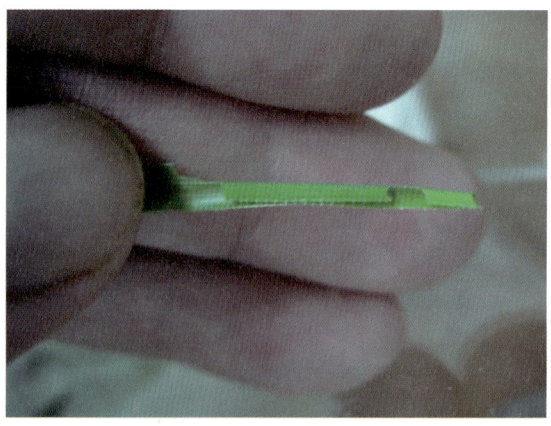
잎을 잘라서 만든 애벌레의 집

애벌레는 탁월한 건축가!

줄점팔랑나비는 잎에 하나씩 알을 낳는데, 마치 호빵처럼 전체적으로 둥글고 아래는 납작해요. 애벌레는 깨어나면 집을 짓기 시작하는데, 잎 가장자리를 엮어서 집을 지어요. 팔랑나비과에 속하는 나비들의 애벌레들도 뛰어난 건축가랍니다.

줄점팔랑나비는 잎을 갉아 먹으면서, 그리고 장소를 옮기면서 집의 크기를 늘려가요. 애벌레로 겨울잠을 자고, 봄에 번데기가 되요.

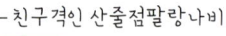
친구격인 산줄점팔랑나비

비슷하게 생긴 친구가 많아요

줄점팔랑나비는 친구가 많아요. 특히 산에서 사는 산줄점팔랑나비는 날개에 있는 흰 점의 배열 등이 다를 뿐 형태는 비슷하고, 황알락팔랑나비는 노란 무늬가 많아요.

비슷비슷해 보여도 약간씩 다른 것이 팔랑나비만의 매력입니다. 위의 두 사진에서도 팔랑나비들만의 독특한 자세가 잘 표현되어 있네요.

줄점팔랑나비가 흔하다고 천대하지 말고, 사이좋게 지내보도록 해요.
잔디만 있어도 사육하기 쉬울 정도로 키우는 것도 간단하거든요.

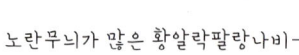
노란무늬가 많은 황알락팔랑나비

23 왕자팔랑나비
숲속의 기품있는 왕자

- 활동시기 5월 중순~8월 〈연 2회 발생〉
- 먹이식물 마, 단풍마

풀잎 위에 왕자팔랑나비

왕자팔랑나비는 산에서 쉽게 볼 수 있는 팔랑나비 중 하나예요.
'마'라는 식물을 알고 있나요? 덩이뿌리를 캐서 즙으로 만든 '마즙'은 한번 쯤 들어봤을 거예요. 어른들이 자주 드시는 건강음료지요.
마는 숲에서 자라는 덩굴식물인데요. 이 마가 있는 곳 근처에는 왕자팔랑나비를 볼 수 있어요. 날개는 다른 나비들처럼 활짝 펼쳐 앉는답니다.

나를 만나려면 계곡으로 오세요
특히 단풍마가 많이 자라는 계곡 주변에서 흔히 볼 수 있어요.
왕자팔랑나비도 종종 등산객의 모자에 앉기도 한다는군요. 자기를 좀 봐달라는 것일까요? 아니면 같이 놀자고 하는 것일까요?

날개를 활짝 펼치고 앉는 모습은 줄점팔랑나비와는 전혀 다른 모습이네요.

왕자팔랑나비의 서식지

마과 식물 잎의 알 (붉은 원 안)

산란법이 특이해요

왕자팔랑나비는 알을 낳는 모습이 독특해요. 다른 나비와는 다르게 알을 잎 위에 낳고 자신의 몸에 있는 털로 알을 덮어버려요. 이것은 자신의 알을 해치는 침노린재나 기생벌로부터 알을 보호하기 위한 최고의 방법이에요.

잎을 잘라서 만든 애벌레의 집

애벌레는 잎을 둥글게 잘라 집을 짓는데, 친구들과 옹기종기 모여 있기도 해요.
자신을 보호하기 위해 집을 짓는 애벌레들이 기특하지 않나요? 덕분에 우리는 산에 가도 잘라진 단풍마의 잎만 찾으면 애벌레를 관찰할 수 있지요.
아마 산에서 발견되는 거의 모든 마 종류의 잎에서 이 애벌레를 만날 수 있어요.

운이 좋으면 산란 중인 암컷을 찾을 수 있지요. 그러면 알에 자신의 털을 덮는 모습도 덤으로 관찰할 수 있어 참 좋아요. 역시 왕자답게 자신의 아기도 품격 있게 보호를 하는군요. 우리 산으로 가면 꼭 숲속의 왕자를 만나보기로 해요!

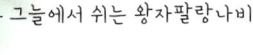
그늘에서 쉬는 왕자팔랑나비

24 대왕팔랑나비
국내에서 가장 큰 팔랑나비!

- 활동시기 6월 하순~8월 〈연 1회 발생〉
- 먹이식물 황벽나무, 산초나무

큰개치수영의 꽃에 앉은 대왕팔랑나비

(제공: 지민주)

경기북부와 강원도, 지리산 일부에서 발견되는 대왕팔랑나비는 이름 그대로 우리나라에서 살고 있는 팔랑나비들 중 가장 커요. 몸집도 크고, 날개도 큰 편이어서 매우 힘차게 날아다니는 게 특징이랍니다. 그리고 팔랑나비들 중에서는 유일하게 운향과 식물인 황벽나무와 산초나무를 먹이식물로 삼아요. 호랑나비과 친구들과 같은 식성이죠? 산림성 나비인 대왕팔랑나비는 산 근처의 황벽나무에서 발견돼요.

어디서 볼 수 있을까요?

대왕팔랑나비의 관찰을 하기 위해 겨울에 지리산을 방문해봤어요. 지리산 관리사무소와 근처 마을 어귀에 심어진 황벽나무에서 대왕팔랑나비 애벌레를 발견할 수 있었답니다. 겨울이면 낙엽이 지고 다 떨어질 텐데, 몇몇 낙엽은 둘둘 말린 채 실로 고정되어 있었어요. 그것은 대왕팔랑나비 애벌레가 겨울잠을 자기 위해 만든 집이랍니다. 활동을 할 때도 커다란 황벽나무의 잎으로 집을 만드니까 역시 찾아보기는 쉬워요. 하지만 성충은 강원도나 경기 북부지역에서 주로 관찰할 수 있어요. 남부지방은 서식지가 많지 않아 관찰에 어려움이 많답니다.

대왕팔랑나비 서식지인 지리산 국립공원　　황벽나무 가지에 있는 애벌레 집

설마, 저기에 애벌레가?

사진에서 보는 것처럼 서식지에서 저런 장면을 보게 되면 십중팔구 애벌레가 들어 있어요. 하지만 겨울잠을 자는 애벌레는 작기 때문에 다치지 않게 관찰하는 것이 중요해요. 말린 낙엽 아래 부분에 겨울잠을 자는 애벌레가 들어있지요.

추위를 견디기 위해 집을 짓는 애벌레가 참 똑똑하지요?

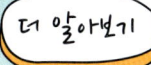 ## 애벌레의 집 구조

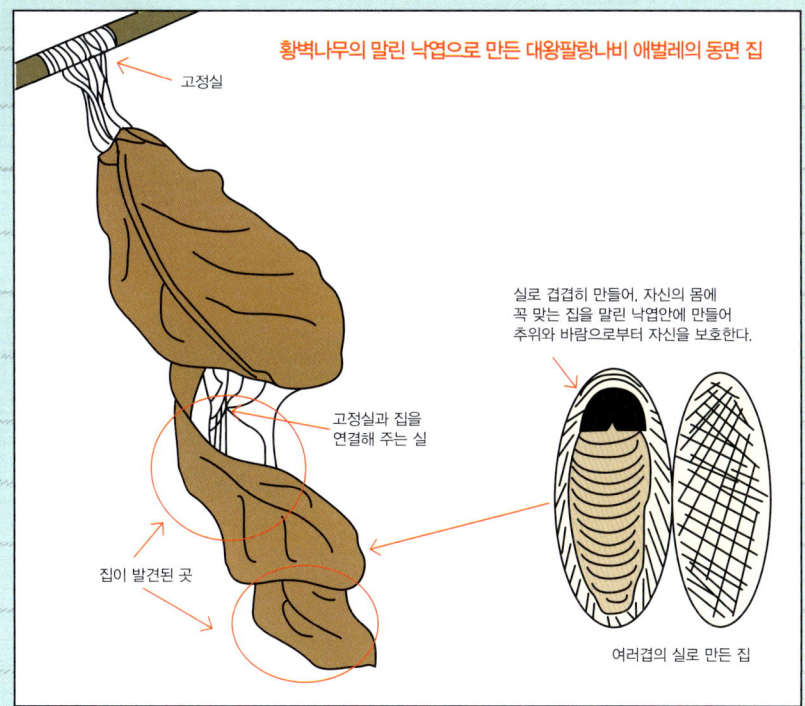

애벌레의 집 구조 그림

애벌레가 자는 부분에는 많은 실로 덮어져 추위를 이겨내고, 집이 있는 낙엽 역시 강한 바람에 떨어지지 않게 여러 겹의 실로 고정을 했어요. 이렇게 멋진 집에서 편안하게 겨울을 지낸 후 봄이 오면 다시 먹이활동을 하고 멋진 나비로 변신하는 거지요.

대왕팔랑나비의 애벌레 집은 다른 팔랑나비 애벌레의 집보다 더욱 멋진 것 같아요. 대왕팔랑나비가 커다란 날갯짓을 하는 것을 보게 되면 응원해주기로 해요. 겨울을 무사히 견뎌냈다고 우리에게 이야기 하는 것일 수 있으니까요!

집 안의 대왕팔랑나비 애벌레

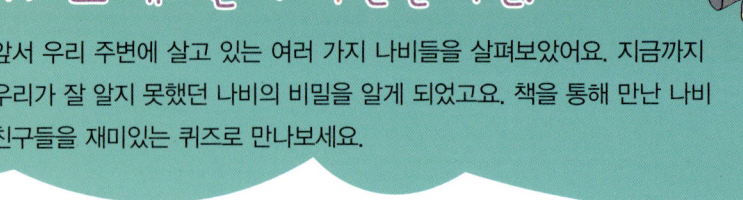

퀴즈로 배우는 나비 관찰 미션!

앞서 우리 주변에 살고 있는 여러 가지 나비들을 살펴보았어요. 지금까지 우리가 잘 알지 못했던 나비의 비밀을 알게 되었고요. 책을 통해 만난 나비 친구들을 재미있는 퀴즈로 만나보세요.

곤충 알아맞히기

1. 짝짓기를 하면 암컷의 몸에 수태낭을 만드는 나비는?
2. 호랑나비과 애벌레들이 천적에게 대항하기 위해 머리에서 내미는 뿔은?
3. 남방제비나비의 뒷날개의 미상돌기가 없는 것을 ○○○이라고 한다.
4. 우리나라 나비 중에서 유일하게 육식을 즐기는 나비는?
5. 무시무시한 쐐기풀을 좋아하는 나비는?

정답
1. 애호랑나비, 모시나비, 붉은점모시나비 2. 취각
3. 무미형   4. 바둑돌부전나비   5. 공작나비, 쐐기풀나비

곤충의 특징 적어보기

1. 쇳빛부전나비의 먹이식물인 철쭉과 영산홍의 차이점을 말해보세요.
2. 봄에 여러 마리가 무리지어 활동하는 나비는?
3. 왕자팔랑나비의 산란 특성을 적어보세요.
4. 네발나비과에 속하는 나비들은 왜 '네발나비'라고 불릴까요?

정답
1. 영산홍은 꽃대가 끈적거린다   2. 뿔나비
3. 알에 자신의 털을 덮는다   4. 앞다리가 퇴화되어 4개의 다리만 사용하기 때문

🌿 곤충과 먹이식물 맞춰보기

1. 배추흰나비와 같은 흰나비과의 나비들이 대부분 좋아하는 식물은 배추, 무, 냉이, 갓 등이 있는데 이들은 꽃잎의 모양 때문에 ㅇㅇㅇ라고 불립니다. 흰나비과의 먹이식물로 인기가 많은 이 그룹의 꽃은 무엇이라고 부를까요?

2. 제비꽃은 어떤 나비들이 좋아하는지 맞춰보세요.

3. 애호랑나비의 먹이식물로, 어린 새싹은 나물로 무쳐먹기도 하는 식물은?

4. 나비의 먹이식물 중 사람에게도 유익한 약용식물이 있습니다. 산호랑나비의 먹이식물을 맞춰보세요.
   – 미나리, 당근, (   ), (   ), (   )

1. 십자화   2. 표범나비류   3. 족도리풀   4. 백선, 방풍, 당귀

🌿 곤충과 퀴즈

1. 다음의 나비들 중 호랑나비가 아닌 나비를 맞춰보세요.
   (1) 산호랑나비   (2) 흑백알락나비   (3) 남방제비나비   (4) 애호랑나비

2. 팽나무를 기주식물(먹이로 삼는 식물)로 삼는 나비는 무엇일까요?
   (1) 쇳빛부전나비   (2) 갈구리나비   (3) 수노랑나비   (4) 줄점팔랑나비

3. 수태낭을 만드는 나비를 맞춰보세요.
   (1) 모시나비   (2) 뿔나비   (3) 호랑나비   (4) 은줄표범나비

4. 나비의 먹이식물 중에는 사람이 먹을 수 있는 것도 있습니다. 다음의 먹이식물 중 사람이 먹을 수 없는 식물을 맞춰보세요.
   (1) 냉이   (2) 모시풀   (3) 등칡   (4) 벼

정답
1. 2번 – 흑백알락나비는 네발나비과입니다.
2. 3번 – 수노랑나비는 팽나무와 풍게나무를 먹습니다.
3. 1번 – 모시나비과와 애호랑나비과의 나비만 수태낭을 만듭니다.
4. 3번 – 등칡은 독성이 있어 사람이 먹을 수 없습니다.

퀴즈로 배우는 나비관찰 미션!

주관식으로도 맞출 수 있는 미션을 준비해 봤어요.
과연 미션을 완성하고, 예비 나비 전문가가 될 사람은 누구일까요.

곤충 알아맞히기

1. 나비는 어떻게 먹이를 먹을까요? 번호를 선택하여 빈 칸에 써 보세요.
   나비는 꽃에 앉아 먹이를 먹기 위해 (   )같은 입을 가지고 있다.

   (1) 날카로운 이빨 (2) 긴 대롱 (3) 바늘 같은 주둥이 (4) 입이 없다

2. 네발나비과의 번데기는 (   ) 형태로 달려요.
   참고로 거꾸로 매달려 있답니다.

   (1) 수용 (2) 대용 (3) 과용 (4) 야옹

3. 나비들은 완전변태를 합니다. 다음의 빈칸을 채워보세요.
   알 → (   ) → 번데기 → 성충

4. 부전나비의 '부전'에는 두 가지의 뜻이 있습니다. 하나를 맞춰보세요.
   - 사진이나 액자를 다치지 않게 끼우는 삼각형의 틀
   - (   )

정답

1. 2번 – 긴 대롱이 말려 있다가 먹이를 먹을 때 길게 펴진다.
2. 1번 – 수용은 번데기의 끝 부분으로 거꾸로 매달린 형태입니다.
3. 애벌레
4. 작고 아름답다.

곤충 관찰이나 채집 시 준비물과 주의할 점

곤충을 관찰할 때는 준비물이 필요해요. 준비물이 제대로 준비되어 있다면, 우리가 찾고자 하는 곤충들을 쉽고, 편리하게 관찰할 수 있을 거예요.

긴 옷(직사광선 및 해충 차단)과 포충망, 수납이 편리한 다용도 조끼, 등산화, 모자, 선크림, 그리고 곤충을 담을 지퍼백이나 클리어케이스 등 작은 통, 장갑 등을 준비해요.

썩은 나무를 쪼개어 곤충을 찾을 땐 일자 드라이버가 좋지만, 조심해서 사용해야 합니다. 포충망으로 곤충을 채집할 때는 날아다니거나 앉아있는 곤충을 덮쳐서 잡아요. 인편이 많은 나비를 채집할 때는 가능한 몸통을 잡아야 날개가 상하지 않는답니다.

3 셋째 마당

단단한 몸을 가진 딱정벌레를 만나요

딱정벌레는 단단한 갑옷으로 무장하고 있어요. 크기도 다양하고, 색깔도 다양해요. 장수풍뎅이처럼 멋진 뿔을 가진 곤충이 있는가 하면, 사슴벌레처럼 큰 턱을 가지고 있는 것도 있어요. 하늘소처럼 긴 수염을 지닌 곤충도 있지요.

세계적인 생물학자였던 찰스 다윈은 키론장수풍뎅이(C.chiron)를 가리켜 "만약 이 곤충이 개나 말 정도로 컸다면 지구상에서 가장 멋진 작품이 됐을 것이다."고 말했을 정도로 딱정벌레는 많은 사랑을 받고 있어요. 세계 곳곳에 딱정벌레를 연구하고 수집하는 사람이 많아요. 물론, 우리나라도 마찬가지고요.
딱정벌레는 연구가 되지 않은 부분도 많이 있어요. 참으로 흥미로운 연구대상입니다. 생각해보세요! 강력한 힘을 바탕으로 숲을 호령하는 딱정벌레를요!
이렇게 멋진 곤충이 있다니! 정말 놀랍지 않아요.

01 멋진 뿔을 가진 최강자
장수풍뎅이

- 활동시기 7~8월
- 크기 수컷 – 40~87mm, 암컷 – 25~47mm
- 수명 2~3개월
- 먹이식물 성충 – 참나무 수액, 애벌레 – 부엽토

도로 위를 기어가는 장수풍뎅이

'가장 강한 곤충', '숲속의 제왕' '평화주의자' '사육하기 쉽다'……
이 모든 말에 해당하는 곤충은 누구일까요? 다름 아닌 장수풍뎅이예요.
장수풍뎅이는 우리나라 충청도부터 전라도, 제주도까지 남부지방에 폭넓게 번식을 해요. 하지만 요즘은 한반도의 평균기온이 올라 요즘은 서울에서도 발견이 된다고 합니다.

어디서 살까요?
장수풍뎅이는 참나무가 많은 울창한 숲속에서 사는데, 특히 수액이 많이 나고 고목이 많은 숲을 선호해요. 남부지방에서는 표고버섯 재배지에서도 많이 발견됩니다.
표고버섯을 재배하는데 사용하는 나무는 상수리나무 같은 참나무류거든요.
2~3년이 지나면 나무를 쓸 수가 없어 한 곳에 모아졌다 버려지는데, 이 과정에서 폐목이 된 나무들은 썩게 되고, 이것은 장수풍뎅이 애벌레의 먹이가 됩니다.

2012년 8월 서울 도봉산에서 발견된 장수풍뎅이

일반적으로 장수풍뎅이는 따뜻한 온도를 좋아하는데, 서울과 심지어 강원도에서도 적은 숫자가 발견된다고 하니, 정말 평균기온이 많이 올랐나봐요. 장수풍뎅이가 대도시에 있는 산에서도 발견된다니 놀랍지 않나요?

수액이 나오는 상수리나무

썩은 배에 모인 장수풍뎅이들

좋아하는 음식은?

매년 7월 중순이 되면 남부지방의 숲은 장수풍뎅이들의 천국이 됩니다. 수액이 흐르는 참나무에는 장수풍뎅이들이 모여서 수액을 먹어요. 과수원 주위의 썩은 과일도 장수풍뎅이가 좋아하는 음식이랍니다. 물론, 어디까지나 밤에 일어나는 일입니다. 낮에는 말벌이나 하늘소, 나비들 같은 곤충들이 모여 들어요. 가끔 낮에 수액을 먹는 경우도 있지만, 다른 곤충들과 사이좋게 수액을 먹어요. 하지만, 밤이 되면 다른 장수풍뎅이나 사슴벌레와 싸움을 할 정도로 호전적으로 변한답니다.

장수풍뎅이의 짝짓기

짝짓기 한 암컷은 표고버섯 폐목이나 부엽토, 썩은 짚에 알을 낳아요. 한 번에 약 80개 이상의 알을 낳아요. 애벌레는 약 10개월의 기간 엄청난 식사량을 자랑해요. 싸우지도 않고 함께 모여서 사이좋게 밥을 먹어요.

애벌레의 먹이가 되는 표고버섯 폐목

장수풍뎅이 애벌레

장수풍뎅이 애벌레는 튼튼하고, 온순해서 애완 곤충으로 인기가 높아요.(장수풍뎅이 사육과 관련된 정보는 책 뒷면 부록마당을 참고하세요.)

겨울이 지나고 봄이 되면 더 성장하다가 지표면 근처에 달걀 크기의 번데기 방을 만들고, 번데기가 돼요. 그리고 6월 말이나 7월 초에 성충으로 우화를 하게 되지요.

어때요? 숲의 최강자, 장수풍뎅이를 만날 준비가 되었나요?

장수풍뎅이 번데기

02 한국을 대표하는 사슴벌레

- 활동시기 6~9월
- 크기 수컷 40~87mm, 암컷 25~47mm
- 수명 2~3개월
- 먹이식물 성충 – 참나무 수액, 애벌레 – 썩은 참나무

한국에는 약 17종의 사슴벌레가 있습니다. 이 중에는 국내의 사슴벌레를 대표하는 사슴벌레가 있습니다. 이름에 아무런 수식어가 없는 '사슴벌레'입니다.

수식어가 없어 '그냥사슴벌레', '참사슴벌레'로 불리고 있으며, 옛날에는 독특한 생김새 때문에 장수풍뎅이같이 '투구벌레'로 불리기도 했어요.

사슴벌레의 생활사

사슴벌레는 고산지대에 사는 산림성 곤충이에요. 강원도나 강원도와 인접한 경기도에서 주로 발견되고 있으며, 남부지방에서는 높은 산에서 많지 않은 숫자가 발견돼요. 서늘한 온도를 좋아해서 상대적으로 추운 강원도에 주로 번식한답니다.
6~9월까지 활동하지만, 8월이나 9월 같이 무더위가 한 풀 꺾일 때 활동해요.

상처 난 참나무에 성충이 모인다

애벌레가 좋아하는 썩은 나무

성충은 참나무 수액을 좋아하지만, 불빛을 좋아해서 서식지 주변의 가로등에 모여들어요. 애벌레는 서식지 주변의 부엽토와 완전히 썩은 참나무 고목에서 발견돼요. 특히 죽은 참나무의 뿌리 근처에 있는 부엽토에서 주로 생활하지요.

성충은 인공불빛을 좋아한다

사슴벌레가 가로등을 좋아해요?

사슴벌레는 활동 시기가 짧아 시기를 놓치면 발견하기 어려워요. 그래서 수집가들은 서식지 근처의 가로등부터 찾는답니다. 그곳에는 다른 사슴벌레와 곤충들도 같이 발견돼요.

강원도 강릉이나, 양양을 포함하여 폭넓게 발견되고, 경기도는 청평이나 의정부를 포함하여 일부 지역에서 발견되며, 특히 강원도 춘천과 가까운 청평의 주유소 등지에는 톱사슴벌레와 같이 발견됩니다. 무더운 여름에 밤바람을 쐬러 외출하게 되면, 주유소나 가로등 아래를 주의 깊게 살펴보세요.

한국을 대표하는 사슴벌레를 만나게 될 테니까요.

채집된 사슴벌레 1쌍

03 강력한 힘을 가진 전사
넓적사슴벌레

- 활동시기: 6~8월
- 크기: 수컷 35~84mm, 암컷 25~43mm
- 수명: 약 2년
- 먹이식물: 성충 – 참나무 수액, 애벌레 – 썩은 참나무

참나무 껍질에 숨은 넓적사슴벌레

넓적사슴벌레는 장수풍뎅이만큼 우리에게 친숙한 사슴벌레입니다. 전국 각지에 서식하고, 도심외곽에서도 쉽게 발견돼요. 사슴벌레들 중 가장 크고, 가장 힘이 강하며, 가장 오래 살고 사육하기 제일 쉬워요. 또한 매우 튼튼하답니다.

어디에서 만날 수 있을까요?

몸이 납작하여 나무껍질에 잘 숨고, 아주 가끔은 이른 아침에 활동하기도 해요. 넓적사슴벌레는 7~8월에 가장 많이 관찰할 수 있어요. 참나무 숲에 가면 수액을 먹는 모습을 쉽게 관찰할 수 있어요. 종종 수컷 한 마리가 여러 마리의 암컷을 거느리고 수액을 먹는 모습이 포착되기도 합니다. 그만큼 강력한 카리스마가 있어요. 그리고 강력한 힘을 가졌으면서 상당히 호전적인 성격을 가지고 있어요.

넓적사슴벌레 수컷

넓적사슴벌레의 성충

넓적사슴벌레는 울창한 참나무 숲을 좋아하지만, 시골 마을의 동네 뒷산에서도 쉽게 발견할 수 있답니다. 참나무만 있다면 어디에서든지 서식할 수 있다는 것이지요. 낮에는 나무껍질이나 뿌리 근처에 숨어 있다가 밤이 되면 활동을 시작해요.
단단한 갑옷과 날카로운 집게가 있으니 장수말벌의 독침도 소용없답니다.

애벌레도 튼튼하다구요!

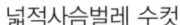
넓적사슴벌레 애벌레

숨어 있다가 사람이나 새에게 발견되는 경우에는 죽은 척을 합니다. 위험이 사라지면 그제야 움직여요. 강력한 큰 턱도 사람이나 새에게는 소용이 없으니까요.
애벌레는 반쯤 썩은 참나무에서 발견되는데, 팽나무나 벚나무 같은 활엽수의 고사목에서 발견되기도 하고, 심지어 죽은 소나무에서 애벌레가 발견된 적도 있어요.
넓적사슴벌레는 성충만 튼튼한 것이 아니라 애벌레도 튼튼하네요.
여러 나무를 다 잘 먹으니까요. 그래서 그렇게 큰 몸을 가지게 된 걸까요?

넓적사슴벌레는 싸움꾼!

넓적사슴벌레는 사나운 성격을 가지고 있지만, 사육하기엔 매우 쉬워서 곤충사육자들에게 인기 있는 애완 곤충이에요. 싸움도 잘해 곤충 씨름이나 곤충 격투기 게임에서 놀라운 성적을 이루어 내요. 장수풍뎅이를 죽일 정도로 놀라운 실력을 뽐냅니다.

죽은 척 하는 넓적사슴벌레

어떻게 키울까요?

애벌레는 곤충전문점에서 파는 참나무 발효톱밥으로 쉽게 키울 수 있어요. 야생에서 애벌레 기간은 약 2년이지만, 집에서 키울 때는 10개월이면 성충으로 우화해요.

온도가 유지되고, 영양이 많은 발효톱밥을 먹으니 성장기간이 단축이 되는 셈이죠. 널리 사랑받는 넓적사슴벌레를 한 번 키워보지 않겠어요?

애벌레를 사육하는 모습

왕사슴벌레 (가운데)와 같이 채집된 넓적사슴벌레

번데기방에서 우화한 넓적사슴벌레

04 한국과 일본을 사로잡은 왕사슴벌레

- 활동시기: 5~8월
- 크기: 수컷 23~74mm, 암컷 22~44mm
- 수명: 약 2~3년
- 먹이식물: 성충 – 참나무 수액, 애벌레 – 썩은 참나무

전시된 왕사슴벌레 1쌍 (2010 함평나비대축제)

왕사슴벌레는 국내에 서식하는 사슴벌레 중 가장 인기가 많아요. 곤충산업계 1위를 달리고 있는 일본에서도 가장 인기가 많대요. 튼튼하고, 온순하며, 사육이 쉬운 데다가 수명도 길어 인기가 많아요. 70mm가 넘는 일부 곤충들은 수명이 3년 이상일 경우도 많대요. 또한 높은 산보다는 낮은 동네 뒷산을 더 좋아합니다.

왕사슴벌레는 왜 인기가 많을까요?

지금은 곤충 숍에서 저렴하게 구입할 수 있지만, 2000년대 초반만 해도 고가의 애완 곤충으로 분류되었어요. 그래서 넓적사슴벌레를 사육하다가 돈을 모아 왕사슴벌레를 구입하는 경우가 많았지요. 이 책을 보고 있는 분 중에서도 이 왕사슴벌레를 좋아하는 분들이 많을 거예요. 왕사슴벌레가 왜 이렇게 인기가 많은지 알아요?

1999년에 한 신문에 놀라운 기사가 실렸었어요. 일본에서 한 곤충사육가가 그 당시 최초로 80mm가 넘는 왕사슴벌레를 키워낸 거였어요. (한국에서는 자연에서 발견되는 것 중 가장 크면 70mm가 넘었지요.)

일본에서도 처음 보는 크기에 깜짝 놀랐지만, 더 놀라는 건 가격이었어요. 경매에 부쳐진 왕사슴벌레는 결국 1천만 엔에 낙찰되었다고 해요. 그 당

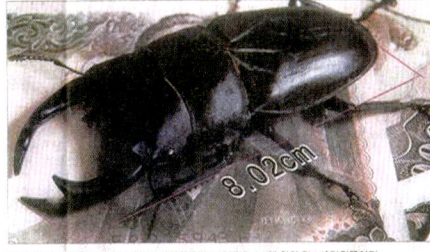

1999년 한 신문에 실린 왕사슴벌레 기사

시 환율로 한화가 1억 1,440만 원이었다고 하니 상상을 초월하죠? 이 뉴스는 일본뿐 아니라 한국에서도 엄청난 화제였습니다. 이 뉴스로 인해 곤충산업이 급속도로 발전하게 되었거든요.

'80mm가 1억 원이라면 그보다 작은 걸 팔아도 100만 원이나 1,000만 원을 벌 수 있는 거네?'라는 생각을 심어주게 되어 너도나도 왕사슴벌레를 키우기 시작한 것이죠. 물론, 왕사슴벌레는 그 이후로 1억 원에 팔리지는 않아요. 지금은 일본에서는 자연에서도 80mm 왕사슴벌레가 채집되고 있고, 사육으로도 크게 나오기도 해요. 우리나라에서도 몇몇 곤충 숍에서 80mm가 넘는 왕사슴벌레를 우화시키기도 했답니다.

시간이 흐르고 애완 곤충으로 자리 잡으면서 왕사슴벌레는 가격이 많이 저렴해졌지만, 그래도 여전히 곤충 숍이나 곤충농장에서는 높은 가격의 곤충으로 통하고 있어요.

참나무에 날아온 왕사슴벌레

채집된 왕사슴벌레

어디에서 살까요?

왕사슴벌레는 충청남도와 전라북도에 주로 서식해요. 경기도와 강원도, 경상북도와 전라남도에는 많지 않은 숫자가 서식하고 있어요. 특히 충청남도 논산과 그 주변은 대표적인 왕사슴벌레 서식지이고, 전라북도는 전주와 그 주변, 김제시나 주변이 대표적인 서식지입니다. 수액이 많고, 오래된 참나무가 많을수록 왕사슴벌레가 좋아해요. 왕사슴벌레가 가장 왕성하게 활동하는 시기는 5월 중순~6월 하순이며, 강원도같이 추운 지역은 7월에 발견되기도 해요.

애벌레 먹이인 참나무 고사목

어떻게 키울까요?

인공사료(균사)를 먹는 애벌레

애벌레는 반쯤 썩은 참나무를 좋아하며, 특히 버섯이 많이 핀 상수리나무와 떡갈나무, 굴참나무를 좋아해요. 사육할 때는 균사체를 개발해 만든 인공사료 '균사'를 사용해야 큰 사슴벌레를 만들 수 있고, 발효톱밥으로도 무난하게 키울 수 있어요.

수명이 길다 보니 겨울에 채집하게 되면 애벌레와 번데기, 성충을 한꺼번에 발견할 수 있어요. 곤충산업을 움직이고, 각종 곤충전시에도 빠지지 않으면서 사육하기도 매우 쉬운 왕사슴벌레. 왕사슴벌레 한 번 키워보지 않겠어요?

05 넓적다리마디가 붉은 홍다리사슴벌레

- 활동시기 7~9월
- 크기 수컷 23~56mm, 암컷 24~37mm
- 수명 약 1~2년
- 먹이식물 성충 – 참나무 수액, 애벌레 – 썩은 활엽수

사이좋은 홍다리사슴벌레 1쌍

홍다리사슴벌레는 넓적다리마디와 배가 붉어서 붙여진 이름이에요. 강원도에 많은 개체가 서식하고, 전국의 높은 산에서도 관찰할 수 있어요. 홍다리사슴벌레는 사슴벌레를 좋아하는 사람들 사이에서 '잉꼬부부'로 통해요. 수컷이 사납지 않고 암컷과 사이좋게 지내는데, 특히 수컷이 암컷을 보호하듯이 항상 옆에 붙어있기 때문이래요. 사람을 잘 물지도 않아서 아이들이나 여자들도 쉽게 친해질 수 있는 사슴벌레거든요. 크기도 평균 35~40mm 정도여서 귀엽답니다.

홍다리사슴벌레가 좋아하는 나무는?

홍다리사슴벌레의 애벌레는 참나무 뿐 아니라, 팽나무나 서어나무, 벚나무 같은 활엽수에서도 발견되는데 땅에 파묻혀 검게 썩은 나무에서 주로 발견돼요.

가로등을 좋아하는 홍다리사슴벌레

홍다리사슴벌레 역시 수명이 긴 편이어서 애벌레와 성충이 같이 발견된답니다.

애벌레 서식지

동면하는 홍다리사슴벌레

홍다리사슴벌레가 서식하는 서식지 주변의 죽은 활엽수에서는 거의 발견된다고 보면 돼요. 성충은 참나무 수액을 좋아하지만, 주변에 있는 가로등 불빛에서 더 많이 발견할 수 있어요. 가로등이나 주유소의 불빛을 너무 좋아하거든요.

― 균사를 먹는 애벌레

어떻게 키울까요?

애벌레는 발효톱밥만으로도 충분히 만족할만한 크기로 우화시킬 수 있답니다.

애벌레나 성충 둘 다 사육 난이도는 아주 쉬운 편이에요. 그러다 보니 사람들의 사랑을 받나 봐요. 소형 사슴벌레지만, 그래도 수명이 1년이 넘고, 튼튼하고 온순해 아마 더 많은 사랑을 받을 수 있을 거예요. 다만, 더위에는 약하기 때문에 약간 서늘한 환경에서 사육하는 것이 좋아요. 작고 귀여운 홍다리사슴벌레, 정말 멋진 친구지요?

겨울에 발견된 홍다리사슴벌레 ―

06 융단같은 털옷을 입은 털보왕사슴벌레

- 활동시기 7~9월
- 크기 수컷 12~23mm, 암컷 13~21mm
- 수명 약 1~2년
- 먹이식물 성충 – 참나무 수액, 애벌레 – 썩은 활엽수

털보왕사슴벌레 1쌍

'**털보왕사슴벌레**'를 들어본 적 있나요? 전라남도 해남에서만 서식하는 소형 사슴벌레예요. 크기도 매우 작아 곤충사육자들 사이에서는 '장수똥사슴벌레'라고 불리기도 해요. 장수풍뎅이의 3령 애벌레의 배설물은 성인 남자의 손톱만한데, 털보왕사슴벌레가 그 정도로 작기 때문이에요. 거기다가 색깔 때문에 톱밥이나 나무껍질에 앉으면 눈썰미가 아무리 좋아도 찾아내기가 어려워요. 신기한 녀석이지요?

발견된 지 얼마 안 된 친구예요

이 곤충과 비슷한 녀석으로는 엷은털왕사슴벌레가 있는데요. 털보왕사슴벌레와 비슷하지만, 다른 녀석으로 강원도와 경상도의 일부 지역에서 많지 않은 개체가 발견되어왔던 녀석이에요. 하지만, 이 녀석은 2000년대 후반에 세상에 드러나게 되었습니다.

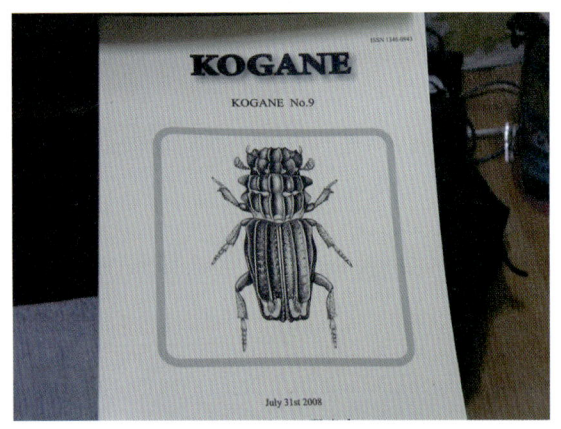
일본딱정벌레상과 연구회지

신종으로 발표된 털보왕사슴벌레

우화한 털보왕사슴벌레

처음 발견 당시에는 엷은털왕사슴벌레의 아종으로 생각했는데, 2008년 일본에서 발행하는 일본딱정벌레상과 연구회지인 《KOGANE》 7월호에 새로 발견된 종으로 발표되었지요. 발표한 사람은 장영철(충우곤충박물관 대표)이라는 분이에요. 일본 사람과 공동으로 발표했다고 하네요. 현재 털보왕사슴벌레는 신종이 아닌 아종으로 내려간 상태입니다. 아종이란 신종의 아래 격으로 특정 종의 아종 즉, 친척으로 보면 됩니다. 털보왕사슴벌레가 발표되고 나서도 신종이 아니라고 의문을 가진 사람들이 많았어요. 그래서 연구 끝에 드디어 밝혀졌다고 해요. 털보왕사슴벌레 신종 발표(2008년) 후 2년 만인 2010년, 털보왕사슴벌레를 연구한 연구가들이 공동으로 논문을 발표했어요. 형태적인 특성과 유전적인 특성상 종 수준의 차이점보다는 아종 수준의 차이점으로 보인다고 판정됐다고 하네요.

연구가 필요한 친구에요

전라남도 해남의 두륜산에서만 발견되는 귀한 종류이고, 크기도 작아 눈에 잘 띄지 않지만, 아직 성충의 생태가 완벽하게 밝혀지지 않았어요. 좀 더 연구가 필요해요. 곤충을 좋아하는 친구들이 열심히 공부해서 이 사슴벌레의 생태를 연구해보는 것은 어떨까요? 아마 새로운 것을 발견하게 될지 몰라요.

털보왕사슴벌레 표본

07 큰 턱이 위로 솟은 다우리아사슴벌레

- 활동시기 7~9월
- 크기 수컷 24~38mm, 암컷 13~21mm
- 수명 약 1개월
- 먹이식물 성충 – 참나무 수액, 애벌레 – 썩은 활엽수

톱밥 속에 숨은 다우리아사슴벌레

다우리아사슴벌레는 독특한 형태를 가지고 있어요. 집게 같은 턱의 끝이 위로 올라가 있어요. 또 거의 모든 사슴벌레가 자취를 감추기 시작하는 늦여름에 가장 많이 발생하고, 활동한답니다. 가로등에도 자주 날아오기로 유명해요.

어디에서 살까요?

전국의 높은 산에서 발견되는데요. 해발 500m 부근에서부터 발견돼요. 참나무와 팽나무, 벚나무 등 각종 활엽수에서 발견되는데, 특히 낙엽에 묻혀 검게 썩어가는 나무에 많은 애벌레들이 발견된답니다. 암컷은 강한 광택을 가지고 있고, 더듬이의 끝이 다른 사슴벌레 암컷과 구별이 대요.

썩은 벚나무에서 발견된 식흔

다우리아사슴벌레 애벌레

강원도와 경남 함양의 지리산에는 다우리아가 많이 서식하고 있습니다. 계곡이 가까이 있고, 썩은 활엽수가 있다면 애벌레를 발견할 수 있어요. 다우리아사슴벌레 애벌레는 다른 사슴벌레 애벌레보다 주름이 많고, 다리를 서로 문지르는 행동을 해요. 다리를 문지르는 것은 의사소통을 위한 행동이라고 생각돼요.

채집된 애벌레들

수명은 짧아도 인기가 많아요

애벌레는 튼튼하고, 사육하기도 쉬워 누구나 기를 수 있지만 성충은 수명이 한 달밖에 되지 않고, 더위에 약해요. 그래서 자연에서도 더위가 한풀 꺾이는 8~9월에 가장 많이 활동해요. 수명이 짧지만 독특한 생김새 덕분에 곤충 마니아들에게 인기가 많아요. 말레이시아와 인도네시아에도 다우리아사슴벌레와 비슷한 사슴벌레가 있어요. (이 곤충은 해외 곤충란에서 확인할 수 있습니다.)

늦여름의 주인공 다우리아사슴벌레! 꼭 기억해두도록 해요.

다우리아사슴벌레 표본

08 도토리를 너무 좋아하는 도토리거위벌레

🕐 **활동시기** 6~9월
🌿 **먹이식물** 신갈나무, 갈참나무, 졸참나무 등 참나무류

갈참나무의 열매에 앉은 도토리거위벌레

도토리거위벌레는 밤바구미와 함께 사람들에게 그다지 환영받지 못하는 곤충이에요. 우리가 먹는 도토리에 벌레가 들어있다고 생각하면 그 벌레를 싫어하지 않겠어요? 그렇지만, 도토리는 도토리거위벌레에게는 없어서는 안 될 중요한 식량이랍니다. 도토리거위벌레는 다양한 도토리에서 발견돼요. 온몸에 활색의 털옷을 입고 있고, 긴 주둥이를 가지고 있는 독특한 형태를 하고 있어요.

도토리에 구멍을 뚫어요?

긴 주둥이는 단단한 도토리의 껍질에 구멍을 내기 편리하게 설계되어 있어요. 마치 드릴로 나무판자에 구멍을 뚫듯이 도토리에 깊숙한 구멍을 내지요. 그것은 바로 자신의 알을 낳기 위해서예요. 도토리에는 까만 구멍이 생기기 때문에 눈으로도 쉽게 발견할 수 있어요. 애벌레는 부드러운 속살을 파먹으면서 지내요.

도토리에서 발견된 산란 흔적

산란 후 죽은 도토리거위벌레들

독특한 모성애를 갖고 있어요

그런데 도토리거위벌레의 암컷은 독특한 행동을 해요. 산란을 끝낸 후에는 도토리가 매달린 나뭇가지를 잘라서 땅에 떨어뜨려요. 땅에 떨어진 도토리는 낙엽이나 흙 속에 묻히게 되는데, 이것은 애벌레를 보호하기 위한 암컷의 모성애라고 할 수 있어요. 다른 거위벌레들은 먹이식물의 나뭇잎을 둘둘 말아 집을 만든답니다.

느릅나무혹거위벌레

도토리는 나의 요람!

거위벌레는 오리나무, 느릅나무혹거위벌레는 모시풀이나 거북꼬리, 포도거위벌레는 머루의 잎을 말아 요람을 만들어요. 하지만 도토리거위벌레는 도토리에 알을 낳을 뿐, 잎으로 요람을 만들거나 하지는 않아요. 도토리 자체가 요람 역할을 하니까요.

사람들이 싫어하더라도, 자신의 애벌레를 위해 도토리에 알을 낳는 암컷의 모성애를 한 번 생각해 보는 것은 어떨까요? 아기를 사랑하는 어미의 사랑을 기억하면서요.

오리나무에 앉은 거위벌레

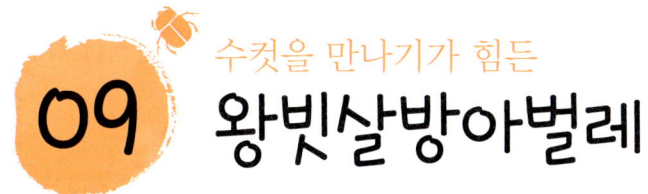

09 수컷을 만나기가 힘든 왕빗살방아벌레

🕐 **활동시기** 5~8월
🍃 **먹이식물** 각종 활엽수

왕빗살방아벌레 암컷

방아벌레는 뒤집으면 방아를 찧듯이 튀어 오르는 재주를 가진 친구입니다. 그중 가장 큰 녀석이 왕빗살방아벌레지요. 왕빗살방아벌레는 이름 그대로 겉날개에 빗살무늬가 있고, 수컷은 안테나 같은 더듬이를 가진 멋진 친구예요.

아직 수컷은 발견하지 못했다구요?

5월부터 불빛에 날아오는 왕빗살방아벌레를 관찰할 수 있어요.
그런데, 이 녀석 아주 독특합니다. 수컷을 만난 사람이 없다고 해요.
수컷이 발견이 되지가 않아 암컷만 발생하는 '단위생식'을 하는 곤충으로 생각되기도 했었어요. 하지만 이웃 나라 일본에서는 심심치 않게 수컷도 발견되고 있어요.
그렇다면 우리나라도 수컷이 있다는 이야기인데, 어떤 이유에서인지 발견한 사람이 없네요. 충청도의 한 대학교의 표본실에 수컷 표본 한 마리만 있을 뿐이에요.

성충이 좋아하는 인공불빛

애벌레의 먹이인 활엽수 고목

미스터리 왕빗살방아벌레

아무리 사람들이 등화채집을 하고, 썩은 나무에서 애벌레를 채집해도, 결국 나오는 것은 암컷이거든요. 참 미스터리가 아닐 수 없어요. 애벌레는 썩은 나무를 먹고 지내는데, 난폭해서 종종 다른 곤충을 죽이기도 해요.

더듬이가 멋진 수컷
(일본산 표본)

일본산 수컷을 보니 더욱 국내산 수컷이 궁금하지 않아요? 비슷한 크기인 큰무늬맵시방아벌레는 수컷도 자주 발견되는데, 왜 왕빗살방아벌레는 수컷을 보기 힘든지 알 수 없어요. 그래서 곤충동호회 회원들은 왕빗살방아벌레의 수컷을 찾아다니기도 하는데, 왕빗살방아벌레의 수컷이 하루빨리 발견되어 멋진 더듬이를 보여주면 좋겠어요.

큰무늬맵시방아벌레

10 큰넓적송장벌레

생태계의 청소부, 장의사

- 활동시기 5~8월
- 먹이 죽은 곤충, 죽은 동물, 다른 곤충 애벌레 등

죽은 매미를 먹고 있는 큰넓적송장벌레

생태계에는 청소부들이 많습니다. 그중 단연 으뜸은 송장벌레들이지요. 이름 그대로 죽은 곤충과 죽은 동물을 먹지만, 일부 송장벌레들은 살아있는 곤충을 잡아먹기도 해요. 그중 흔하게 볼 수 있는 녀석이 이 큰넓적송장벌레랍니다.

왜 송장벌레라고 부를까요?

송장벌레는 죽은 동물의 사체를 땅에 묻어 거기에 산란을 해요. 여러 마리의 송장벌레가 동물의 사체를 땅에 묻는 모습은 마치 사람들이 관을 무덤에 안치하는 것 같아요. 그래서 송장벌레라고 해요. 큰넓적송장벌레도 마찬가지랍니다.

송장벌레는 잡식성?

전국 각지의 낮은 지역에서 흔하게 볼 수 있고, 공원이나 동네 뒷산의 저지대에서 발견돼요. 특히 애벌레와 성충이 같이 발견되기도 한답니다.

다른 애벌레를 먹는 큰넓적송장벌레 애벌레

죽은 참새를 먹는 애벌레

큰넓적송장벌레는 가리는 것 없이 뭐든지 잘 먹어요. 죽은 동물이나 곤충도 잘 먹고, 나비의 애벌레나 지렁이까지도 잡아먹는답니다. 그래서 비가 온 직후에는 땅 위로 기어 나온 지렁이를 찾는 큰넓적송장벌레를 쉽게 발견할 수 있어요.

짝짓기 중인 큰넓적송장벌레

비호감이라도 괜찮아!

큰넓적송장벌레의 애벌레 역시 성충과 같이 발견되는데, 애벌레도 죽은 곤충을 찾아다니는 모습을 관찰할 수 있어요. 종종 낙엽 아래에 숨어있는 번데기를 관찰할 수도 있습니다. 애벌레는 빠르게 기어가는 편인데, 특히 먹잇감을 포착하게 되면 다른 곤충들에게 빼앗길까 봐 빠르게 다가가서 먹이를 먹어치워요.

큰넓적송장벌레는 다른 송장벌레와 같이 발견되기도 하며, 사이좋게 식사를 즐겨요. 비록 비호감으로 보일지 몰라도, 우리는 송장벌레들에게 감사해야 해요. 그렇지 않으면 우리 주변에는 동물의 사체로 넘쳐났을지 모르니까요.

탈피를 끝낸 큰넓적송장벌레 번데기

11 화려한 천연기념물 비단벌레

🕐 **활동시기** 5~8월
🌿 **먹이식물** 팽나무, 서어나무, 신갈나무, 물푸레나무

인공 증식 된 비단벌레 성충

(제공 : 한국비단벌레 연구소)

서남해안에서 사는 비단벌레는 대표적인 멸종위기 곤충이에요. 지난 2008년에는 천연기념물 496호로 지정되었답니다. 이젠 더욱 우리가 보호해야 하지요. 하지만, 이 비단벌레가 한국 고유의 종이라는 것이 밝혀졌어요.

우리나라 고유종 비단벌레

그동안 비단벌레는 일본에서 사는 비단벌레와 같은 종으로 여겨져 왔는데요. 작년에 곤충 박사님들이 연구하신 결과 한국 고유의 곤충이라는 것으로 밝혀졌어요. DNA 검사를 포함하여 심도 있게 연구한 결과래요. 한국 고유의 종이라, 멋지지 않나요? 이렇게 멋진 비단벌레는 예로부터 쓰임새가 다양했대요.

옛날부터 쓰임새가 다양했던 비단벌레

신라 시대에는 말안장과 장신구를 만드는데, 이 비단벌레 날개를 사용했다고 해요. 여성용 치마를 꾸미는 데에도 사용되었고, 부적처럼 가지고 다니기도 했대요.

애벌레 먹이인 서어나무 고목

그렇게 쓰임이 다양했던 비단벌레가 지금은 많이 줄어들어 남해안과 전라도의 일부 지역에서 발견되고 있대요. 비단벌레는 팽나무나 느릅나무, 서어나무 같은 활엽수의 잎을 먹고, 애벌레 역시 죽은 나무를 먹어요. 수분이 부족한, 약간 마른 나무를 갉아 먹는데, 애벌레 기간이 4~5년이나 된답니다. 여러 지방자치단체에서 비단벌레를 연구하고, 증식 및 복원하는 사업이 진행되고 있어요. 한국비단벌레연구소 소장 김소직 박사님도 비단벌레 증식 및 복원사업을 하셨고, 뉴스를 통해 세상에 알려지기도 했지요.

십자 비행을 한다구요?

비단벌레는 십자(+) 비행을 하는 것으로 유명해요. 몸을 세워서 날아다니는데, 특히 수직상승을 하면서 나무 꼭대기로 올라가 날아다닌대요. 특히 햇빛에 반사된 날개가 반짝거려서 아름다운 장관을 연출하기도 해요. 너무 아름다워 '옥충(玉蟲)'이라고 불리고 있어요. 영어로는 'Jewel beetle' 이라고 해요.

비단벌레의 생활사

비단벌레는 현재 전남 해남과 완도, 제주도 및 일부 섬 지역에서 발견되고, 내륙에서는 전북 부안과 전남 장성 백양사에서 발견되고 있어요. 주로 8월에 관찰할 수 있어요. 애벌레는 서어나무나 팽나무 같은 죽은 활엽수를 갉아 먹고 지내요. 머리가 크고, 몸통은 가늘고 길어요. 또 납작해서 긴 터널을 만들어 생활해요.

이렇게 신기하고 아름다운 곤충이 많이 늘어나면 좋겠어요. 생각해보세요. 초록색의 십자(+) 모양을 한 곤충이 수십 마리가 날아다닌다는 것을요.

비단벌레가 영원히 사라지지 않도록 우리가 잘 아껴줘야겠지요?

비단벌레 애벌레

비단벌레의 모식표본. 왼쪽이 수컷, 오른쪽이 암컷이다. (제공: 박해철)

12 수수한 멋을 지닌 고려비단벌레

- 활동시기 5~7월
- 먹이식물 소나무

고려비단벌레는 소나무비단벌레와 같이 소나무를 좋아하는 대표적인 비단벌레예요.

크기는 비단벌레나 소나무비단벌레보다 작지만, 금속성 빛이 나는 날개는 햇빛을 받으면 유난히 반짝거려요. 고려비단벌레는 특히 산속에 있는 정자에서 많은 수가 관찰되기도 한답니다. 정자가 주로 소나무로 만들어진 것이 그 이유예요.

고려비단벌레는 소나무가 최고!

고려비단벌레는 전국 각지에서 관찰할 수 있지만, 일부 지역에서는 드물게 관찰돼요. 소나무에서 살다 보니 고려비단벌레가 소나무 껍질에 앉아있으면 발견하기 어려워요. 소나무를 먹이로 삼는 하늘소와 같이 발견되기도 하는데 종종 다리를 오므리고 땅으로 떨어져 죽은 척하기도 해요. 애벌레는 마른 소나무를 선호하거든요.

이렇게 어두운색을 가진 비단벌레가 있다니 특이하지 않나요?

고려비단벌레 탈출구

머리를 내미는 고려비단벌레

납작하게 생긴 애벌레

비단벌레를 소개할 당시 애벌레는 가늘고, 길며 몸이 납작하다고 말했었죠? 그러다 보니 터널도 납작한 타원형인데요. 사실 자세히 보면 비단벌레의 체형도 약간 납작한 모양을 하고 있어요. 비단벌레도 몸이 납작하고 길다 보니 구멍에서 빠져나올 때 시간이 조금 걸린다고 해요. 그래도 멋진 모습을 선보이기 위해서는 그런 불편함은 감수해야겠지요?

반짝거리는 고려비단벌레 표본

고려비단벌레보다 큰 소나무비단벌레 역시 소나무에서 살아가고 있어요. 하지만 고려비단벌레보다 더 크고, 애벌레 기간도 더 길어요.
고려비단벌레는 이름 때문인지 몰라도, 친숙한 느낌이 많이 들어요.

작지만 아름다운 고려비단벌레는 지금도 소나무 숲을 날아다니고 있을 거예요.

소나무를 먹는 소나무비단벌레

13 반짝거리는 녹색 옷을 입은
참나무호리비단벌레

- 활동시기 5~9월
- 먹이식물 신갈나무, 갈참나무, 졸참나무 등

활엽수 잎을 갉아 먹는 참나무호리비단벌레

호리비단벌레는 이름 그대로 몸통이 가늘고 호리호리 하다 해서 붙여진 이름이에요. 봄에서 늦은 여름까지 볼 수 있는 비단벌레이기도 하고요. 호리비단벌레는 종류가 50가지가 넘는다고 합니다.
참나무호리비단벌레는 참나무 종류의 잎을 갉아 먹는 비단벌레예요.

잎을 먹는 모습이 귀여워요

온몸이 초록색이고, 광택이 있어서 햇빛을 받으면 눈부시게 반짝거려요.
참나무 주변을 이리저리 날아다니다가 잎에 앉아 잎을 갉아 먹죠.
앞다리로 잎을 잡고 갉아 먹는 모습을 보면 너무 귀엽답니다. 하지만 예민한 성격이어서, 가까이 다가가면 식사를 중단하고 다른 곳으로 날아가 버려요.

어떻게 관찰할까요?

호리비단벌레들을 관찰하기 위해서는 눈치채지 않게 조심스럽게 다가가서 관찰하도록 해야 해요. 그렇지 않으면 비단벌레가 잎을 갉아 먹는 모습을 보기 어렵답니다.

서식지인 활엽수림

참나무호리비단벌레의 휴식

호리비단벌레들은 잎을 조금 독특하게 갉아 먹어요. 참나무호리비단벌레도 마찬가지랍니다.

워낙 작은데다가 잎 뒤에 숨어버리면 발견하기가 어려워요. 하지만, 무더운 날씨에도 늦은 여름까지 산으로 가면 관찰할 수 있을 거예요.

이 작고 귀여운 친구를 한 번 만나보지 않겠어요?

잎을 갉아 먹은 직후의
참나무호리비단벌레

14 강렬한 붉은색을 자랑하는
홍단딱정벌레

- 활동시기 6~9월
- 먹이식물 참나무 수액, 죽은 곤충, 지렁이 등

홍단딱정벌레는 강렬한 색을 자랑하고 있어요. 제주도를 포함해 전국 각지에서 관찰할 수 있고, 특유의 붉은색은 다른 딱정벌레들과 차이점을 보인답니다.
특히 다른 '딱정벌레'들과는 다르게, 지역적으로 색이 다른 경우가 많아 수집가들에게도 인기가 많아요. 자세히 살펴보면 신기한 부면이 상당히 많은 친구랍니다.

날개가 없다고요?

우선, 속 날개가 없어요. 풀색명주딱정벌레같이 몇몇 종류를 제외하면 속 날개가 없어 날지 못한대요. 대신 지면을 빠른 속도로 걸어갈 수 있어 위험에 처하면 도망갈 수 있어요. 그리고 또 하나, 도망갈 상황이 안 되면 죽은 척을 하면서 입에서 독특한 액체를 뱉어내는데, 냄새가 너무 고약해서 너구리 같은 천적들도 피한대요.
독이 있는 액체는 아니지만, 상대방이 기분 나쁘고 불쾌감을 줄 수 있을 정도라네요.

지역에 따라 색상 변이가 심해요

홍단딱정벌레는 전국의 낮은 산지에서 볼 수 있어요. 야행성이어서 밤에 먹이를 찾아 돌아다니는데, 가로등이나 수로 주변을 어슬렁거리면서 죽은 곤충을 찾아다녀요. 또한 참나무 수액을 찾아 먹기도 합니다. 식성이 다양하죠?

홍단딱정벌레는 지역별로 색상이 다르게 나오기도 해요. 일반적으로는 붉은색이 많지만, 지리산이나 오대산같이 높은 산에서는 녹색계열

홍단딱정벌레 서식지

이 발견되기도 해요. 특히 지리산에서는 "상재홍단딱정벌레"란 이름이 붙은 짙은 초록색의 개체가 발견되며, 곤충수집가들에게 인기가 많아요. 제주도에는 어두운 계열이 많으며, 와인색과 짙은 검은색의 개체가 발견된답니다. 최근에는 서귀포에서 녹색의 날개를 가진 개체가 발견되기도 했어요. 이렇게 색상의 변이가 많아 곤충인들의 눈을 즐겁게 하고 있어요.

지역별로 색상 변이가 있는데, 왼쪽부터 제주도, 지리산, 제주도

여러분들도 딱정벌레를 한 번 수집해보세요. 눈이 즐거워질 거예요.

색이 다른 한 쌍

15 아름다운 색을 지닌 모시긴하늘소

🕒 **활동시기** 6~8월
🌿 **먹이식물** 모시풀, 무궁화, 접시꽃, 부용

모시풀을 먹고 있는 모시긴하늘소

전국 각지에 국지적으로 분포하는 모시긴하늘소는 아름다운 색상을 지녔어요. 특히 무궁화에서도 많이 발견되어 '무궁화하늘소'라고 불리기도 해요.

이렇게 아름다운 하늘소가 먹이식물도 제각각입니다. 보통 비슷한 식물이나 그 식물이 포함된 분류군만 먹는데, 모시긴하늘소가 좋아하는 식물이 다 달라요.

쐐기풀과에 속하는 모시풀, 아욱과에 속하는 무궁화, 접시꽃, 부용…

특히 같은 아욱과인데, 무궁화는 줄기가 단단한 나무이지만, 접시꽃과 부용은 초목이고요. 생각해보면 예쁘게 생긴 하늘소인데, 예쁜 꽃을 먹는 것이나 다름없네요.

모시긴하늘소의 먹이식물

부용은 가장 최근에 확인된 먹이식물이에요. 그동안 이 곤충은 모시풀과 무궁화, 접시꽃에서 발견되었는데, 접시꽃에서 발견이 되다 보니 비슷한 식물인 부용에서도 발견될 것 같다는 것이었지요. 결국 한 곤충 박사님에 의해 부용을 갉아 먹는 모시긴하늘소가 목격이 되면서 부용도 먹이식물에 포함하게 되었어요.

어디에서 만날까요?

모시긴하늘소는 흔하게 볼 수 없고, 시골이나, 산속에서 주로 발견돼요. 도시 외곽에 있는 무궁화나 접시꽃, 모시풀에서도 발견된답니다. 하지만 화려한 색상을 가졌어도 주변의 색상과 잘 아우러져 발견하기 쉽지 않아요.

먹이식물인 접시꽃 (제공: 하정옥)

모시긴하늘소의 유별난 식습관

그런데 모시긴하늘소 애벌레의 식습관이 참 독특해요. 줄기만 먹는 것이 아니라 뿌리까지 갉아 먹어요. 뿌리까지 먹으면 그 식물은 죽게 되겠지요?

그러다 보니 무궁화를 말라 죽게 한다고 하여 미움을 받기도 해요. 하지만 화려한 색상에, 독특한 식습관을 가진 하늘소를 만나기 쉽지 않다는 것은 알아두어야 해요.

모시긴하늘소를 만나려면 어떻게 해야 할까요?

시골에 있는 무궁화나 모시풀, 접시꽃을 찾아 잘 살펴보아야 해요.

그러면 검정과 옥색의 옷을 입은 모시긴하늘소를 만날 수 있을 거예요.

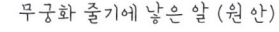

무궁화 줄기에 낳은 알 (원 안)

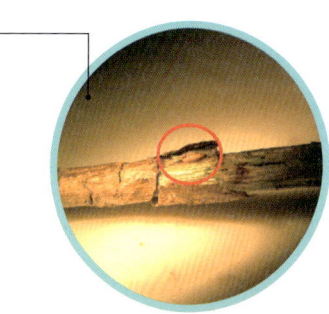

무궁화 줄기 속의 알과 애벌레 (화살표)

꽃 위의 모시긴하늘소
(제공: 하정옥)

퀴즈로 배우는 딱정벌레 관찰 미션!

단단한 몸을 가진 딱정벌레는 우리 친구들이 가장 좋아하는 곤충에 속해요. 지금부터 재미있는 퀴즈를 통해 딱정벌레들이 갖고 있는 여러 가지 특징과 비밀들을 하나씩 풀어볼까요?

곤충 알아맞히기

1. 애완용 곤충으로 가장 인기가 많은 딱정벌레를 찾아보세요. 멋진 뿔을 가지고 있답니다.

2. 한국과 일본의 곤충시장을 움직이는 가장 인기 있는 사슴벌레는?

3. 지난 2008년에 천연기념물로 지정된 곤충은 무엇일까요?

4. 참나무에서 열리는 도토리를 먹이로 삼는 곤충은?

정답
1. 장수풍뎅이 2. 왕사슴벌레 3. 비단벌레
4. 도토리거위벌레

곤충의 특징 적어보기

1. 왕빗살방아벌레 수컷의 특징을 적어보세요.

2. 송장벌레는 왜 '송장벌레'란 이름으로 불리는 걸까요?

3. 비단벌레는 다른 곤충과는 다르게 날아다닙니다. 어떻게 날아다닐까요?

4. 다리가 붉은 사슴벌레는 무엇일까요?

정답
1. 더듬이가 빗살처럼 생겼다. 2. 동물의 사체를 땅에 묻는 습성 때문에
3. 십자(+) 비행을 한다. 4. 홍다리사슴벌레

곤충과 먹이식물 맞춰보기

1. 장수풍뎅이와 사슴벌레는 어떤 나무를 좋아할까요? 애벌레들은 이 나무가 썩은 것을 갉아 먹지요.

2. 약간 마른 소나무를 선호하는 딱정벌레는?

3. 비단벌레는 주로 어떤 나무들의 잎을 갉아 먹을까요?

4. 모시풀을 좋아하는 거위벌레가 있습니다. 맞춰보세요.

> 정답
> 1. 참나무(류) 2. 고려비단벌레 3. 팽나무, 서어나무, 느릅나무 4. 느릅나무혹거위벌레

 곤충과 퀴즈

1. 참나무 수액을 좋아하는 갑충들이 많습니다. 다음 친구들 중 참나무 수액을 먹지 않는 친구는 무엇일까요?
   ⑴ 털보왕사슴벌레   ⑵ 도토리거위벌레   ⑶ 장수풍뎅이   ⑷ 사슴벌레

2. 모시긴하늘소의 먹이를 한번 맞춰보세요.
   ⑴ 신갈나무   ⑵ 적송   ⑶ 부용   ⑷ 물오리나무

3. 딱정벌레 종류에는 천연기념물이 두 종류가 있습니다. 그중 국내 최초의 곤충 천연기념물인 장수하늘소에 이어 지난 2008년에 천연기념물로 지정된 곤충이 있습니다. 무엇인지 맞춰보세요.
   ⑴ 왕빗살방아벌레   ⑵ 홍다리사슴벌레   ⑶ 장수풍뎅이   ⑷ 비단벌레

4. 한국에 서식하는 사슴벌레 중 새롭게 발표된 종류가 있습니다. 무엇일까요?
   ⑴ 왕사슴벌레   ⑵ 애사슴벌레   ⑶ 털보왕사슴벌레   ⑷ 사슴벌레

> 정답
> 1. 2번 - 도토리거위벌레는 도토리를 먹습니다.
> 2. 3번 - 부용
> 3. 4번 - 비단벌레. 장수하늘소와 산굴뚝나비에 이어 3번째로 지정.
> 4. 3번 - 털보왕사슴벌레. 2008년에 신종으로 등록되었습니다.

하늘의 지배자 잠자리를 만나요

잠자리는 예로부터 우리에게 매우 친숙한 곤충이에요.
맑은 하늘을 수놓은 잠자리를 보면 '아, 이제 가을이구나!' 하고 느끼게 되지요. 그러다 보니 잠자리는 가을에만 관찰된다고 생각하는 경우가 많아요. 하지만, 잠자리는 여름에 활동하는 잠자리들이 꽤 많습니다. 그리고 연못뿐 아니라, 계곡, 저수지와 습지 등 다양한 장소에서 서식하고, 높은 산에서만 관찰할 수 있는 잠자리부터, 계곡으로 가야 만나는 잠자리가 있는가 하면, 저녁에만 관찰이 되는 종류도 많아요.

잠자리는 해충을 잡아먹는 이로운 곤충으로 알려져 있어요. 그러나 장수잠자리나 왕잠자리같이 큰 종류는 모기뿐 아니라 메뚜기나 말벌도 공격하는 난폭한 기질을 가지고 있어요. 애벌레 역시 물속의 폭군으로 불리지요.

잠자리의 애벌레는 '수채', '학배기'라고 불리며, 길게 늘어난 아랫입술을 이용해 사냥해요. 날카로운 갈고리에 걸리면 물고기도 꼼짝을 못 해요.
잠자리는 아직 연구할 부분이 많은 곤충이에요. 최근에도 신종(한국개미허리왕잠자리)과 미기록종(남색이마잠자리)이 발표되기도 했답니다. 관심 있는 사람이라면 한 번쯤 멋진 날개를 가진 잠자리를 연구해 보는 것도 좋을 것입니다.

01 초록색 몸에 먹줄을 그린
먹줄왕잠자리

> 활동시기 6~8월
> 먹이 작은 곤충

먹줄왕잠자리는 왕잠자리와 함께 저수지의 제공권을 장악하고 있는 잠자리예요.

왕잠자리와 비슷하게 생겼지만, 가슴 부분에 먹줄로 칠한 듯 검은 줄무늬가 있어 구별돼요. 먹줄왕잠자리는 커다란 몸집에 녹색 옷을 입고 있어 연못이나 저수지 한가운데를 날아다니면서 자신만의 영역을 만들어요. 그 영역 안에 다른 곤충이나 잠자리가 날아 들어오면 쫓아낸답니다. 심지어 새가 지나가도 쫓아내려고 할 만큼 자기만의 영역을 확실하게 지켜요.

작은 곤충들의 포식자

왕잠자리나 장수잠자리 같은 대형 잠자리들은 다리에 가시가 나 있어 오므리면 가시가 달린 감옥처럼 보여요. 공중에서 나비나 모기 등의 먹이를 잡아채면 빠져나가지 못하게 돼요. 작은 곤충들에게는 공포의 대상이겠지요?

먹줄왕잠자리 애벌레 　　　　　　　　올챙이를 잡은 애벌레

애벌레도 무섭다고요?

물 위가 작은 곤충들에게 전쟁터를 방불케 하는 치열한 생존의 공간이라면, 물속은 올챙이와 작은 물고기들에겐 전쟁터 같은 생존의 공간이에요. 잠자리의 애벌레들이 수초나 흙 속에 숨어 있다가 공격하기 때문에 더욱 그렇지요. 특히 길게 늘어난 아랫입술은 평소엔 숨겨져 있다가 갑자기 튀어나와 낚아채는데 자기도 모르는 사이에 죽음을 맞이하게 되는 것이지요. 그래도 잠자리 애벌레 같은 육식성 수서곤충들이 있어 올챙이나 물고기가 너무 많이 늘어나는 것을 막아준대요.

성충으로 탈피하는 모습　　　우화 후 몸을 말리는 중

애벌레만 3~4년이라고요?

물속에서 애벌레로 지내는 기간은 약 3~4년. 참 오랜 기간을 견뎌냅니다. 그래도 끝까지 잘 견뎌내야만 갑갑한 물속 생활을 벗어나, 다시 하늘을 차지할 준비를 할 수 있어요. 그렇게 되면 상당히 넓은 공간을 독차지할 수 있답니다. 만약 잠자리들이 일정한 공간을 날아다니는 것을 보면, 자신의 영역을 지키고, 순찰하는 행동이니 영역을 잘 지키라고 인사를 하는 것도 좋을 거예요.

02 나비처럼 날아다니는 나비잠자리

🕐 **활동시기** 5~8월
🍃 **먹이** 작은 곤충

풀 위에서 쉬고 있는 나비잠자리

혹시, 나비처럼 날아다니는 잠자리를 본 적 있나요? 연못이나 습지에서 관찰할 수 있는 중소형 잠자리예요. 날개가 크고 아름다운 데다 나비처럼 천천히 날아다녀요. 날개는 몸에 비해 크고 넓적하며 푸르게 빛나는 검은색을 가지고 있어서, 천천히 날아다니면 햇빛에 날개가 반짝이기도 해요. 특히 6월에 많은 개체를 관찰할 수 있는데, 집 주변의 근린공원이나 호수공원이라면 관찰하기에 더욱 좋아요.

작아서 텃세에 밀려요

나비잠자리는 왕잠자리나 측범잠자리보다 작기 때문에 항상 텃세에 밀려요.
그래서 저수지나 연못의 가장자리, 특히 갈대나 부들이 많은 곳을 선호해요. 그러다 보니 나비잠자리의 활동반경은 작은 편입니다. 먹이도 주변에서 관찰되는 실잠자리나 작은 멸구 등을 잡아먹고 지냅니다.
나비잠자리는 애벌레 기간이 길지 않고, 일부 지역에서는 많은 개체를 관찰할 수 있어요. 나비잠자리가 저수지 주변을 수놓으며 날아다니는 모습은 정말 장관이에요. 바람을 타고 천천히 나는 모습은 여유까지 느껴지는 것 같아요.

나비잠자리는 크기가 작다 보니 애벌레 때도 하루살이 애벌레같이 아주 작은 수서곤충을 잡아먹고 지내요. 평소엔 수초주변에 숨어있거나 물속에 가라앉은 낙엽 속에 숨어서 지내지요. 천적을 피해야 나중에 멋진 날개를 펼칠 수 있기 때문이에요.

작은 곤충들이 무서워해요

나비잠자리는 중형 잠자리 중 아름다운 잠자리로 손꼽혀요. 표본을 관찰하게 되면 사람들이 나비인지 잠자리인지 헷갈린다고 하는군요. 왕잠자리나 장수잠자리가 대형 곤충을 공격한다면, 모기나 날파리, 깔따구같이 아주 작은 곤충들에게는 나비잠자리 같은 중형잠자리가 무서운 존재나 다름없어요. 소리 없이 날아 순식간에 낚아채기 때문이지요. 그래도 잠자리들이 많이 있는 한 모기나 깔따구 같은 작은 곤충들이 폭발적으로 늘어나지 않을 거예요. 잠자리들에게 고마워해야겠죠?

나비잠자리 서식지

나비날개 같은 날개를 가진 나비잠자리 표본

나비잠자리의 탈피각

03 배치레잠자리
배가 넓적한 잠자리

🕒 **활동시기** 5~8월
🌿 **먹이** 작은 곤충

배치레잠자리는 저지대의 습지에서 관찰할 수 있어요. 가까운 산에 습지나 논 근처의 연못이 있다면 관찰할 수 있는 잠자리랍니다. 배치레잠자리는 중소형의 잠자리인데, 왕잠자리같이 큰 잠자리가 없으면 다른 잠자리와 싸우기도 하면서 자신의 영역을 만드는 아주 용감한 잠자리랍니다. 개체수도 많은 편이라 쉽게 볼 수 있어요.

생김새가 독특해요!

배치레잠자리는 생김새가 참 독특해요. 배 부분이 마치 눌린 것처럼 넓적하고, 이마에는 장식을 꾸민 것처럼 푸른색의 마크가 반짝거려요. 그리고 수컷은 까만색이고, 배의 아랫부분엔 노란 점들이 있는데, 암컷은 갈색이고 배의 윗부분엔 검은 줄무늬가 있답니다. 수컷과 암컷의 색깔이 다르다니, 마치 다른 종류 같아요!

무서운 포식성을 가지고 있어요!

배치레잠자리는 나비잠자리나 고추잠자리만큼 중소형의 잠자리지만, 성격은 왕잠자리나 장수잠자리만큼 난폭해요. 특히 모기나 파리, 실잠자리까지 잡아먹어요.

특히 일부 잠자리들처럼 자신의 구역을 정해놓고, 암컷을 제외한 침입자는 모두 쫓아낸답니다. 물론, 먹잇감이 들어오면 지체하지 않고 잡아먹어요.

어때요? 나비잠자리와 사이좋게 모기들을 없애준다면 정말 좋지 않나요?

하지만 잠자리는 호전적이어서 단독생활을 하는 경우가 많기 때문에 나비잠자리나 배치레잠자리, 밀잠자리 등은 같이 지내는 것이 아니라, 자신의 구역을 차지하려고 싸움을 일으킬지 몰라요. 자신의 구역을 만들어 두어 혼자 차지해야 하거든요.

배치레잠자리 수컷, 배가 넓적하다

머리부분이 반짝인다

서식지가 위협을 받기 시작했어요!

그런데 요즘 일부 지역에서는 배치레잠자리의 서식지가 위협을 받기 시작했대요. 가장 큰 원인은 무분별하게 버려지는 쓰레기와 환경오염이랍니다. 물론, 대부분의 서식지에서는 많은 개체를 발견할 수 있어요. 하지만 몇몇 장소에서는 사람들이 버리는 쓰레기나 서식지 근처의 논이나 밭에서 사용하는 농약 때문에 서식지가 오염되고 있대요. 배치레잠자리 뿐 아니라 모든 곤충은 환경이 오염되면 사라지고 말아요!

배치레잠자리를 여름마다 만나고 싶지요? 그렇다면 산으로 놀러 갈 때 쓰레기를 함부로 버리지 말고, 주변을 깨끗하게 정리하도록 해요. 그러면 배가 넓적한 독특한 친구를 여름마다 만날 수 있을 거예요.

갈색의 몸을 가지고 있는 배치레잠자리 암컷

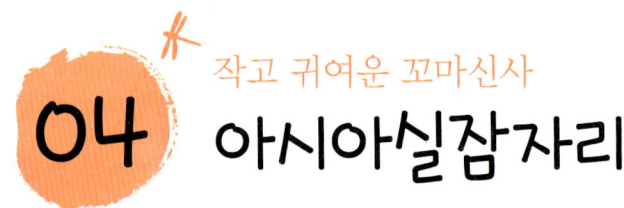

04 아시아실잠자리
작고 귀여운 꼬마신사

- 활동시기 5~8월
- 먹이 작은 곤충

아시아실잠자리는 전국 각지의 평지나 저지대에서 흔하게 볼 수 있는 잠자리입니다.

잠자리 중에서는 매우 작은 편이어서, 가장 작은 꼬마잠자리(멸종위기종) 다음으로 작은 실잠자리류에 속해요. 실처럼 가느다란 실잠자리라…….

왠지 작고, 연약한 느낌이 나지 않나요? 실제로 잠자리 중에서 가장 약한 편이어서 중간급 잠자리인 밀잠자리나 배치레잠자리의 표적이 되기도 해요.

사냥 성공률이 95%나 되요!

하지만 아무리 작고 약하다고 해도 잠자리는 잠자리랍니다.

아시아실잠자리는 강가나 계곡에서 흔히 볼 수 있는 깔따구나 초파리, 아주 작은 곤충의 애벌레를 잡아먹는답니다.

서식지인 습지주변

아시아실잠자리

최근에 밝혀진 바에 의하면, 잠자리들은 사냥 성공률이 95%나 된대요. 이것은 아시아실잠자리도 마찬가지랍니다. 깔따구 같은 아주 작은 곤충이라도 잘 잡는대요. 크고 시력이 뛰어난 눈과 튼튼한 날개, 날카로운 이빨과 가시가 돋친 다리는 사냥감을 낚는 것에 효과를 발휘해요. 특히 먹잇감을 공중에서 잡자마자 바로 잡아먹기 때문에 사냥에 실패하는 법이 드물어요. 뛰어난 비행술도 사냥에 한몫한다는군요.

작지만 정말 무서운 사냥꾼인 것 같아요.

우리에게 도움이 돼요!

아시아실잠자리를 포함한 잠자리들은 사람에게 많은 유익을 주고 있어요. 잠자리가 없었다면 우리 주변엔 모기나 깔따구 같은 해충들이 너무 많이 늘어날 거예요. 그리고 잠자리가 멋진 비행실력을 가지고 있는 덕분에 '잠자리 비행기'라고 불리는 헬리콥터가 생겨나기도 했어요. 우리가 학교 다니면서 가지고 놀았던 고무줄 동력기도 자세히 보면 마치 잠자리가 날아다니는 것 같지 않나요?

이 외에도 잠자리에 대한 연구가 계속되고 있다고 해요.
우리에게 많은 도움을 주는 잠자리! 앞으로도 많이 사랑해주기로 해요!

꽃매미의 어린 애벌레처럼
작은 곤충들은
잠자리들의 먹이가 된다.

더 알아보기 — 잠자리 애벌레들의 의사행동(擬死行動)

곤충 중에 죽은 척하는 곤충들이 있어요. 이를 '의사행동'이라고 하는데, 잠자리 애벌레 중에서 2~3종류의 왕잠자리 애벌레가 그러합니다. 그 외 계곡에서 발견되는 애벌레들이 그런 행동을 해요. 바로 긴무늬왕잠자리와 개미허리왕잠자리, 한국개미허리왕잠자리랍니다.

긴무늬왕잠자리 애벌레

긴무늬왕잠자리 표본

흐름이 조금 완만한 계곡에서 발견되는 긴무늬왕잠자리 애벌레는 천적이 다가오거나 자극을 받으면 다리를 움츠러들고 죽은 척을 합니다. 수초를 꽉 붙잡고 있기도 해요. 그러면 물고기들도 발견하지 못하고 그냥 지나쳐버리는 경우가 많아요.

의사행동을 하는 개미허리왕잠자리 애벌레

개미허리왕잠자리와 한국개미허리왕잠자리는 물살이 빠른 계곡에서 발견됩니다. 애벌레 역시 계곡 가장자리의 수초나 모래 주변에서 발견되지요. 이들 애벌레는 죽은 척을 하면서 꼬리를 위로 치켜들어요. 그러면 배 부분에 있는 날카로운 돌기가 드러나 쉽게 손댈 수 없게 되지요. 연약해 보이던 잠자리 애벌레들이 이렇게 자신을 보호하는 행동을 하다니 참 신기하지 않나요?

퀴즈로 배우는 잠자리 관찰 미션!

잠자리는 사람에게도 매우 친숙한 곤충이자, 해충을 잡아먹기도 하는 이로운 곤충이에요. 하늘을 마음대로 훨훨 날아다니는 잠자리를 생각하면서 재미있는 잠자리 퀴즈를 풀어보세요.

🌿 곤충 알아맞히기

1. 왕잠자리와 함께 저수지의 제공권을 장악하는 잠자리는?
2. 크기는 작아도 화려한 날개를 가지고, 나비처럼 날아다니는 잠자리는?
3. 최근에 발견되어 발표된 잠자리가 2종 있습니다. 무엇일까요?

정답
1. 먹줄왕잠자리
2. 나비잠자리
3. 한국개미허리왕잠자리, 남색이마잠자리

🌿 곤충의 특징 적어보기

1. 잠자리가 먹이를 놓치지 않는 이유는 다리에 있습니다.
   잠자리의 다리의 특징은?
2. 나비잠자리 성충의 생태를 간단하게 적어보세요.
3. '의사행동'의 뜻을 설명해보세요.
4. 개미허리왕잠자리의 의사행동의 특징은?

정답
1. 다리에 날카로운 가시가 있어 먹이를 놓치지 않습니다.
2. 서식지의 가장자리에서 주로 활동합니다.
3. 의사행동은 천적의 눈을 속이기 위해 죽은 척 하는 행동을 말합니다.
4. 죽은 척을 하면서 꼬리를 위로 치켜들어요.

🍃 곤충과 퀴즈

1. 잠자리가 살아가는 환경이 아닌 것을 맞춰보세요. 물과 관련이 깊어야겠죠?
    (1) 계곡   (2) 저수지   (3) 들판   (4) 습지

2. 먹줄왕잠자리는 왕잠자리와 차이점이 있습니다. 한번 생각해보세요.
   "먹줄왕잠자리의 가슴에는 (   )이 있다."
    (1) 가시   (2) 검은 줄   (3) 털   (4) 부속아가미

3. 왕잠자리나 측범잠자리에 밀려 서식지의 가장자리에서 활동하는 잠자리가 있습니다. 아름다운 날개를 가진 이 잠자리는무엇일까요?
    (1) 나비잠자리   (2) 장수잠자리   (3) 밀잠자리   (4) 꼬마잠자리

4. 잠자리의 애벌레들은 빼어난 사냥 실력으로 유명합니다. 사냥에 사용하는 강력한 무기는 무엇일까요?
    (1) 날카로운 다리   (2) 아랫입술   (3) 큰 턱   (4) 뾰족한 가시

5. 의사행동을 하지 않은 잠자리를 맞춰보세요.
    (1) 개미허리왕잠자리   (2) 긴무늬왕잠자리   (3) 한국개미허리왕잠자리   (4) 밀잠자리

6. 배치레잠자리의 특징이 아닌 것을 맞춰보세요.
    (1) 배가 넓다   (2) 머리가 반짝인다   (3) 능숙한 사냥꾼이다   (4) 암컷은 까만색이다

7. 아시아실잠자리의 먹이는 무엇일까요?
    (1) 매미   (2) 깔따구   (3) 바퀴벌레   (4) 꽃무지

정답
1. 3번   2. 2번   3. 1번   4. 2번   5. 4번   6. 4번   7. 2번

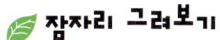 잠자리 그려보기

1. 잠자리의 얼굴 (사진을 보고 특징을 잘 살려보세요.)

2. 잠자리와 실잠자리

다섯째 마당

풀숲의 왕자 메뚜기와 사마귀를 만나요

메뚜기는 뒷다리가 길고 흔히 볼 수 있어 친숙합니다. 메뚜기는 여치, 귀뚜라미, 땅강아지 등이 포함되어 있고, 대벌레나 사마귀와도 다른 듯 닮아 보여요. 아무래도 날개가 '막질'로 이루어져 있는 등 여러 가지 특징이 있어서겠지요. 여기에서는 메뚜기의 종류와 사마귀 종류 일부를 알아볼게요.

우리가 주변에서 흔하게 만날 수 있는 친구들을 소개하니, 아마 반가울 거예요. 일반적으로 메뚜기는 약한 곤충, 사마귀는 강한 곤충으로 잘 알려져 있어요. 하지만 이들의 삶에서도 여러 가지 신기한 부분이 많아요. 천적을 피하고자, 혹은 먹이를 잡기 위해 여러 가지 기술을 사용하기도 해요.
색을 바꾸는 것부터 멀리 달아나는 것까지…….
우리는 이들을 과연 얼마나 잘 알고 있는지 생각해 보는 것도 좋을 거예요.

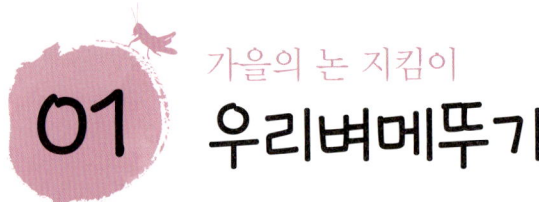

01 우리벼메뚜기
가을의 논 지킴이

- 활동시기 8~10월
- 먹이식물 벼, 사초, 기름새 등 벼과 식물

벼메뚜기 한 쌍

우리벼메뚜기는 우리에게 매우 친근한 메뚜기랍니다.
논에서 주로 관찰할 수 있는 곤충이기에 우리 부모님, 할아버지와 할머니들에게도 매우 익숙한 곤충이에요. 특히 논농사를 짓는 시골에서는 자주 만나게 된답니다. 한때 벼멸구와 같이 벼의 해충이라고 해서 농약의 제물이 되기도 했지만, 요즘은 친환경농법이라고 해서, 농약을 사용하지 않아 다시 늘어나기 시작했어요. 특히 단백질이 풍부해 불에 굽거나 볶아서 간식이나 어른들 술안주로 애용되어왔고, 지금도 일부 시골 장터에서는 볶은 메뚜기를 내다 파는 것을 볼 수 있어요.

요즘에는 곤충체험을 위해 사용되기도 하는데, 전라남도 함평에 위치한 함평곤충연구소에서는 우리벼메뚜기를 많이 번식시키기도 했다고 해요.

여름의 논. 애벌레가 서식한다.

가을의 논에는 성충들이 활동한다.

8월부터 활동해요

봄이나 여름이 되면 우리벼메뚜기 애벌레를 관찰할 수 있어요. 대부분의 메뚜기들은 알로 겨울을 지내거든요. 그래서 여름이 되면 애벌레들을 관찰할 수 있답니다. 그러다가 8월로 접어들게 되면 성충으로 탈바꿈하게 되고, 활동을 하게 되는 거죠.

눈속임의 선수!

우리벼메뚜기는 익은 벼와 색이 비슷해 찾기가 힘들어요. 종종 논둑에서 일광욕을 하지만 역시나 발견이 어렵답니다. 사진 속의 우리벼메뚜기도 30분 만에 찾아냈어요. 메뚜기나 여치 종류 중에는 우리벼메뚜기처럼 눈속임을 잘하는 친구가 많아요. 태국에는 약 20cm 정도 되는 대왕 여치가 있는데, 덩치가 워낙 크다보니 눈속임을 하기 위해 날개가 나뭇잎처럼 생겼어요. 우리벼메뚜기의 날개도 마른 벼의 잎과 닮았어요. 그리고 튼튼한 뒷다리는 빠르게 도망칠 수 있게 도와준답니다.

세계 최대의 메뚜기류, 대왕여치

가을 논둑에서 만난 우리벼메뚜기

가을을 알리는 전령사

벼를 해치는 해충이라고 생각하지 말고, 가을을 알리는 전령사로 생각하는 건 어떨까요? 가을이 되면 항상 나타나서 멋진 점프를 보여주니 말이에요.

가을이 왔어요~!

02 가장 쉽게 만나는
등검은메뚜기

🕒 **활동시기** 7~10월
🌿 **먹이식물** 강아지풀, 억새 등 벼과식물과 각종 초목

등검은메뚜기는 어디서나 볼 수 있는 메뚜기입니다. 전국 각지의 들판이나 공원, 야산 등에 서식하며 갑자기 뛰어올라 사람들을 놀라게 하기도 해요. 우리가 어디를 가든 가장 먼저 만날 수 있는 메뚜기가 등검은메뚜기일 정도로 정말 흔해요.

등검은메뚜기의 먹이식물

먹이식물도 다양해서 강아지풀, 사초, 억새 등 벼과 식물부터 칡, 오이풀, 제비꽃, 갈퀴나물 등 정말 다양한 초목(草木)을 먹어요. 먹는 식물도 다양하다 보니 우리도 쉽게 이 메뚜기를 만날 수 있나 봅니다.

강력한 무기가 있다고요?

그리고 이 메뚜기는 천적을 피하기 위한 무기를 가지고 있습니다. 이 무기는 대부분의 메뚜기가 가지고 있지만, 등검은메뚜기의 무기는 특히 효과가 뛰어나요. 바로 입에서 토해내는 끈적거리는 검은색 물질이에요.

이 물질은 고약한 냄새가 나고 끈적거리는 점성이 있어 새들이 무척 싫어해요. 오죽

등검은메뚜기의 서식지

논길이나 논 주변에서도 발견된다.

하면 썩은 것인 줄 알고 기피를 할까요? 두꺼비나 개구리도 삼켰다가 이 물질 때문에 뱉어버리는 경우가 많다고 하니, 정말 강력한 무기가 아닐까요?

등검은메뚜기는 풀무지나 두꺼비메뚜기 같은 다른 메뚜기들과 함께 지내게 되는데, 제법 많은 수를 자랑해요. 서식지에서는 가장 많은 수를 자랑하기도 해요. 논 주변에서는 벼메뚜기와 같이 발견되기도 하는데, 사이좋게 지낸대요.

갈퀴나물도 즐겨 먹는다

얕잡아 볼 수 없는 신기한 메뚜기

다양한 풀을 먹고 지내기 때문에 어쩌면 가장 흔해서 천대받기 쉬운 메뚜기 중 하나에요. 하지만, 이 메뚜기가 가진 재주가 신기하지 않나요? 천적을 쫓아내고, 몸의 얼룩무늬는 숨기에 좋고, 튼튼한 뒷다리와 날개까지……

마냥 얕잡아 보기엔 어려워 보입니다. 등검은메뚜기는 도심 속의 공원에서도 볼 수 있고, 집 주변 학교의 화단에서도 관찰할 수 있을 만큼, 달라진 환경에 크게 민감하지 않아요. 마치 우리 곁에 있는 친구처럼요. 등검은메뚜기는 항상 우리의 곁에 있어서 만날 수 있고, 멋진 무늬를 가진 겹눈은 선글라스처럼 보여 웃음을 자아내요.

칡의 잎에 앉은 등검은메뚜기

03 실베짱이
몸이 실처럼 가늘고 긴

- 활동시기 6~11월
- 먹이식물 각종 초목

국화의 잎에 앉은 실베짱이

실베짱이는 검은다리실베짱이, 줄베짱이와 함께 베짱이 종류 중 가장 흔하게 만날 수 있는 종류에요. 몸도 가늘고, 날개도 가늘고 길며 심지어 뒷다리도 가늘고 길어요. 그러다 보니 뛰면서 날았다는 것을 좋아합니다. 그러나 그렇게 멀게 날아가지도 못해요. 약체다 보니 거미나 사마귀의 좋은 먹이가 되기도 하지요. 아무리 연약해 보여도 우리가 미처 생각지도 못한 부면이 많은 곤충이랍니다.

풀잎에 숨으면 투명인간?

평소에 살아가는 모습이나 생태를 살펴보면 신기한 부분을 찾을 수 있어요.
가장 큰 무기는 바로 '의태'입니다. 몸이 가늘고 길어서 벼과 식물에 밀착해서 앉은 다음 더듬이까지 숨기면 아무리 눈썰미가 좋아도 찾기가 어려워요. 실베짱이는 위험을 피할 수 없을 때는 이렇게 풀잎 뒤에 숨어버린답니다. 그러면 제아무리 사마귀라도 실베짱이를 찾아내기가 어렵게 되는 것이지요.

실베짱이 서식지, 화단

시골 길 주변에서도 쉽게 발견된다.

어디에서 만날까요?

실베짱이는 등검은메뚜기처럼 건물 주변의 화단에서도 쉽게 발견되고, 시골의 길 주변에서도 만날 수 있답니다. 동네 뒷산에서도 만날 수 있을 정도로 흔해요. 알도 가느다란 나뭇가지나 풀줄기, 풀잎 안에 알을 낳기 때문에, 천적으로부터 알이 보호받아요. 그러다 보니 발견되는 실베짱이도 많은 것이지요.

실베짱이는 뛰어난 연주가!

실베짱이와 비슷한 줄베짱이

실베짱이와 함께 발견되는 검은다리실베짱이나 줄베짱이도 실베짱이와 비슷한 재주를 가지고 있답니다. 그리도 이들은 뛰어난 음악가이기도 해요. 비록 울음소리는 작지만, 가을밤이 되면 멋진 연주 솜씨를 뽐내요. 이들의 울음소리는 귀뚜라미나 방울벌레의 울음소리와 잘 어우러져 하나의 가을 음악회를 감상하는 것 같은 느낌을 준답니다.

가을이 되면 밤바람을 쐬러 한 번 나가보세요. 실베짱이의 음악회가 열릴 테니 말이에요.

실베짱이와 닮은 검은다리실베짱이

04 넓적배사마귀
곤충계의 만능 포식자

🕐 **활동시기** 6~10월
🍃 **먹이** 메뚜기, 잠자리, 나비 등 각종 곤충

넓적배사마귀는 우리나라에 서식하는 사마귀 중 중형에 속합니다. 다른 사마귀들하고는 다르게 관목이나 조경수, 즉 나무 위에서 주로 활동을 해요. 그러다 보니 나무들을 옮겨 다니기도 하면서 사냥을 한답니다.

나무 위의 포식자

넓적배사마귀는 이름대로 배가 넓적해서 붙여진 이름인데, 전체적인 외형으로는 '길쭉하다'라는 느낌은 들지 않아요. 왕사마귀나 사마귀보다는 작아서 먹이경쟁에 밀릴 것 같이 보이지만, 나무위에서 서식하는 특성 때문에 어쩌면 먹이 사냥터가 겹치지 않는다는 이점이 있어요. 그러다보니 나무에서 주로 발견되는 매미나 나무에 핀 꽃에 날아오는 나비 같은 곤충들은 넓적배사마귀에게 아주 좋은 식사거리가 됩니다.

이국적인 외모로 해충을 없애줘요

넓적배사마귀의 애벌레의 습성도 특이합니다. 배를 위로 올리고 다니는데, 꼭 말레이시아 지역에서 관찰되는 꽃사마귀 종류와 비슷해 보이기도 합니다.

넓적배사마귀의 성충

넓적배사마귀의 애벌레

넓적배사마귀의 애벌레는 조경수나 관목을 해치는 곤충들을 잡아먹어요. 관목 및 활엽수에 큰 피해를 주는 꽃매미나 잎벌의 애벌레를 주로 잡아먹고, 아주 어린 시절에는 진딧물을 잡아먹기도 해요. 천적이 다가오면 얼른 도망가거나 배를 치켜들어서 자신의 몸을 커 보이게 하기도 해요. 넓적배사마귀는 늦가을에도 활동하기 때문에 종종 늦게까지 발견돼요. 독특한 외모로 마치 외국에서 온 사마귀 같은 느낌을 주는데, 가끔은 귀여워 보이기도 해요. 넓적배사마귀가 많이 늘어나서 소중한 나무의 해충들을 많이 잡아먹었으면 좋겠어요.

넓적배사마귀의 모습, 배가 다른 사마귀보다 넓적하다

05 왕사마귀
가장 포악한 포식자

- 활동시기 6~10월
- 먹이 메뚜기, 잠자리, 장수말벌 등 각종 곤충

왕사마귀 암컷

왕사마귀는 대형 딱정벌레들을 제외한 모든 곤충에게는 공포의 대상이에요. 사마귀 중 가장 크고 강력한 왕사마귀는 눈에 띄는 모든 대상을 공격하기 때문이지요. 특히 강력한 앞다리에 붙들리면 빠져나가기 어렵습니다. 왕사마귀는 사마귀와 비슷하게 생겨서 많은 사람이 헷갈릴 수 있다고 해요. 하지만 분명한 차이점만 알면 누구나 구별할 수 있어요.

몸통의 점이 노란색이면 왕사마귀!

왕사마귀는 사마귀보다 조금 더 크고, 체형도 사마귀보다 큽니다. 하지만 종종 비슷한 크기의 왕사마귀가 나오기도 하지요. 그럴 때는 가장 확실한 방법이 있답니다. 바로 앞다리가 있는 몸통의 점입니다. 앞다리가 시작되는 부분에는 점이 있는데, 이 점이 노란색이면 왕사마귀, 붉은색이면 사마귀입니다.

이젠 크기가 비슷해도 이것만 알면 어떤 종인지 분류하기 쉬울 거예요. 하지만 분명한 사실은, 사마귀나 왕사마귀는 무서운 천적 곤충임에 틀림없다는 거예요.

왕사마귀 서식지

왕사마귀의 머리

놀라운 사마귀의 눈과 목

왕사마귀는 풀숲에서도 서식하지만, 낮은 관목을 더 선호해요. 그러다 보니 다양한 먹잇감을 잡을 수 있어요. 특히 목이 자유자재로 돌아가기 때문에 먹이가 되는 곤충이 어디에 있는지 쉽게 포착할 수 있어요. 낮은 포복의 걸음걸이와 풀을 닮은 보호색은 먹잇감이 눈치채지 못하도록 하는 장점이 된다고 합니다.

왕사마귀의 공격을 받은 나비

풀숲을 호령하는 왕사마귀

흔치 않지만, 종종 왕사마귀도 사냥에 실패하기도 해요. 사진에 보이는 암검은표범나비는 왕사마귀의 앞다리에 날개만 손상을 입어 가까스로 탈출했어요. 만약 앞다리에 몸통이 걸렸으면 꼼짝없이 당했을 거예요. 그래도 사마귀의 사냥술은 무시할 수 없지요. 왕사마귀는 가을에 나무나 바위에 알을 낳는데, 약 400개의 알을 낳고 거품 같은 물질로 알을 감싸 보호해요. 이는 추운 겨울을 지내기 위해서지요. 곤충의 왕이라 불리는 왕사마귀는 자식을 보호하는 방법도 특별한 것 같아요.

여름이 되면 다시 한번 왕사마귀가 풀숲을 호령하는 모습을 상상해보기로 해요.

왕사마귀의 알

퀴즈로 배우는 메뚜기 관찰 미션!

풀숲의 왕자라고도 불리는 메뚜기. 메뚜기는 들판이나 논, 풀숲 등에서 흔하게 볼 수 있는 매우 친숙한 곤충이랍니다. 앞에서 살펴본 메뚜기와 그 친구들을 생각해보면서 재미있는 퀴즈를 풀어보세요.

🍃 곤충 알아맞히기

1. 우리에게 친숙하고, 간식으로 인기 있는 메뚜기는?

2. 들판에서 흔하게 볼 수 있는 메뚜기가 있습니다. 무엇일까요?

3. 사마귀 중 조경수나 낮은 관목에서 관찰되는 사마귀는?

4. 국내에서 가장 크고, 난폭한 사마귀는 무엇일까요?

> **정답**
> 1. 우리벼메뚜기
> 2. 등검정메뚜기
> 3. 넓적배사마귀
> 4. 왕사마귀

🍃 곤충의 특징 적어보기

1. 어린 넓적배사마귀가 다른 사마귀와 다른 점을 이야기해보세요.

2. 왕사마귀가 먹이사냥에 거의 실패하지 않는 이유는?

3. 실베짱이의 독특한 산란습성을 적어보세요.

4. 메뚜기의 한살이를 적어보세요.

> **정답**
> 1. 배를 위로 들고 다닌다.
> 2. 강력한 앞다리를 가지고 있다.
> 3. 가느다란 나뭇가지나 풀잎에 알을 낳습니다.
> 4. 알 → 애벌레 → 어른벌레(성충)

🌿 곤충과 퀴즈

1. 메뚜기와 사마귀, 여치 등 메뚜기목의 곤충들의 가장 큰 특징은 날개에 있습니다.
   날개가 무엇으로 이루어져 있을까요?
       (1) 단단한 껍질   (2) 인편   (3) 막질   (4) 투명한 날개

2. 날개가 나뭇잎같이 생겨 눈속임에 능한 곤충은 무엇일까요?
       (1) 대왕여치   (2) 우리벼메뚜기   (3) 왕사마귀   (4) 대벌레

3. 사마귀 중 나무 위에서 활동하는 종류가 있습니다. 어떤 사마귀일까요?
       (1) 왕사마귀   (2) 좀사마귀   (3) 넓적배사마귀   (4) 애기사마귀

4. 여치 중 가늘고 긴 날개를 가진 친구는 무엇인지 맞춰보세요.
       (1) 대왕여치   (2) 실베짱이   (3) 대벌레   (4) 귀뚜라미

1. 3번   2. 1번   3. 3번   4. 2번

🌿 곤충 그리기 미션

다음의 곤충들을 그려보세요. 본문에 있는 사진을 보고 그려도 됩니다.

1. 우리벼메뚜기

2. 넓적배사마귀

6 여섯째 마당

이야기가 있는 곤충들

'이야기가 있는 곤충'에는 다양한 스토리와 사람과 밀접한 관계를 유지하는 곤충들 위주로 소개하고 있어요. '정서 곤충'에는 애완용으로 가능한 반려 곤충들이 실려 있어요. 사슴벌레나 장수풍뎅이는 부록에서 자세하게 소개할 예정이라, 여기서는 제외했어요. 특히 '보호해야 하는 곤충'에서는 우리나라에서 보호하는 멸종위기종뿐 아니라, 멸종위기종은 아니지만 사라져가는 곤충도 소개할 거예요.

곤충을 관찰하고 필요할 땐 채집도 하고, 사육도 해봐야 하지만, 그 곤충이 보호 곤충이거나 사라져가는 곤충이라면 조심해야 해요. 바라만 보고 지켜준다면, 언젠간 다시 늘어나서 우리가 쉽게 만날 수 있을지 몰라요.
그렇지 않으면 '주홍길앞잡이'처럼 멸종될지 모르니까요.(주홍길앞잡이는 멸종위기종이었다가, 1980년대 이후로 나타나지 않아 얼마 전에 멸종위기종 관련법 개정 때 절멸된 것으로 추정되어 목록에서 삭제되었어요.) 곤충들은 흔한 종류라도 다양한 이야기를 가진 곤충들이 많기 때문에 잘 연구해본다면 흥미로운 사실들을 알아낼 수 있을 거예요.

01 우리 곁을 떠나는 멸종위기 곤충들

현재 〈야생동식물보호법〉에 등록된 멸종위기 곤충은 1급 보호종 4종류, 2급 보호종 18종류, 모두 22종류랍니다. 법이 개정되면서 삭제된 곤충이 있는가 하면 새로 추가된 곤충들도 있어요. 현재 멸종위기 곤충에 등록된 곤충은 채집과 사육, 유통, 보관 등이 금지되어 있으며, 멸종위기 곤충을 번식하고 연구하는 기관이나 표본을 전시하는 전시관 및 박물관에서만 허가를 받아서 사용하고, 인공번식을 하는 연구자들 역시 환경부의 허가를 받아서 하고 있어요. 멸종위기 곤충을 채집하거나 보관하다가 적발되면 무거운 벌을 받을 수 있기 때문에 조심해야겠죠?

참고로 책에서 설명하는 멸종위기 곤충 사진은 전시관이나 사진촬영이 가능한 장소에서 허락을 받고 촬영하거나 제공 받았으며, 일부 곤충은 중국산이나 러시아 등 외국산을 촬영했어요. 멸종위기 곤충은 어떤 종류를 막론하고 개인이 보관하거나 채집하는 것이 법으로 금지되어 있어요.

상제나비 (백두산)

왜 멸종위기 곤충이 생긴걸까?

멸종위기! 말 그대로 사라질 위험에 처한 곤충들의 숫자가 줄어든 데에는 여러 가지 이유가 있어요. 가장 큰 이유는 서식지의 파괴입니다. 예를 들어 어떤 곤충의 서식지가 딱 한 곳인데, 그곳이 오염되거나 개발로 인해 파괴된다면 그곳에 서식하는 곤충들은 사라지게 되겠죠? 이것이 가속화 되면 결국에는 자취를 감추게 되는 거예요. 특히 새나 짐승들보다 환경에 민감한 곤충들은 자신들이 살아가기에 적합하지 않으면 자취를 감춰버리게 되는 것입니다. 이것은 우리나라뿐 만 아니라 세계 각국의 모든 나라 곤충에게도 해당됩니다. 멸종위기 곤충 중에는 의외로 만나기 쉬운 곤충들이 있는가 하면 사라진 지 오래되어 만나기 어려운 곤충도 있어요. 하지만 곤충박물관이나 전시관 및 연구소에는 멸종위기종이 보관 및 전시되어 있기 때문에 방문해 보는 것이 좋아요. 또 관련 서적이 있다면 찾아보는 것도 좋고요.

수염풍뎅이 (중국산)

북한 장수하늘소 암컷

우리 곁을 떠나는 곤충들

멸종위기 곤충 중 가장 먼저 떠올릴 수 있는 건 단연 멸종위기 1급 보호종이자 천연기념물인 '장수하늘소'일 겁니다. 장수하늘소는 현재 경기도 포천에 있는 국립수목원 내 보호구역의 오래된 상록수림에 서식하는데, 몇 년 전 90mm 크기의 암컷이 발견됐다는 뉴스를 끝으로 발견된 적이 없어요. 연구자들이 수년간 조사를 하고 있지만 여전히 얼굴을 비추지 않아 사람들의 애를 먹이고 있어요. 그래서 환경부에서는 우리나라와 비슷한 외국의 장수하늘소를 도입하여 인공증식을 하고 있어요. 국내최강, 국내최대 딱정벌레인 장수하늘소의 늠름한 모습을 하루빨리 볼 수 있었으면 좋겠어요.

상제나비와 수염풍뎅이도 급속도로 사라지고 있어요. 특히 수염풍뎅이는 충남 논산의 한 지역에서만 발견되고 있는데, 그곳도 파괴되고 있어 멸종이 우려되고 있다고 하네요. 상제나비 역시 수년째 발견되지 않고 있어요.

두점박이사슴벌레

멋조롱박딱정벌레

제한된 서식지에서만 살아요

대부분의 멸종위기종은 제한된 서식지에서만 발견되는데, 우리가 접근하기 어려운 곳에 서식하기도 해요. 멋조롱박딱정벌레와 창언조롱박딱정벌레는 깊은 숲속에서만 살기 때문에 관찰이 어려워요. 연구자들도 이들의 서식지는 찾아내기가 매우 어렵다고 해요.

붉은점모시나비

그래도 간간히 눈에 띄는 멸종위기 곤충들

소똥구리 역시 수십 년간 발견되지 않고 있어 멸종이 우려되고 있어요. 이미 멸종되었다고 생각하는 사람들이 있을 정도예요. 소똥구리는 섬유질이 많은 소의 배설물을 먹지만, 요즘은 사료로 키우는 곳이 많아 자취를 감춰버렸어요. 이렇게 지역별로, 생태별로 변화를 맞이하여 사라지는 곤충들이 있는가 하면 의외로 가끔 눈에 띄는 멸종위기 곤충들도 있답니다.

소똥구리 (러시아산)

애기뿔소똥구리

그중 몇몇 곤충들만 소개해 볼게요. 애기뿔소똥구리는 제주도와 강원도, 그리고 경기 일부 지역 등에서 가끔 발견되고, 특히 제주도에서는 여름에 자주 목격되기도 해요. 아마도 소와 말의 배설물을 쉽게 찾을 수 있기 때문이기도 해요. 제주도 특산종이기도 한 두점박이사슴벌레는 연구기관에서 인공번식을 하고, 서식지에 풀어주고 있어서 숫자가 조금 늘어났어요. 그래서 멸종위기 1급에서 2급으로 내려가기도 했답니다. 비단벌레는 셋째마당 '비단벌레' 편에서도 언급했지만, 역시 인공번식을 시도하는 기관이 많아졌어요. 천연기념물로 지정되었지만 남해안의 일부 지역에서는 가끔 발견되기도 해요. 최근에는 전라북도 일부 지역에서 발견되어 화제가 됐지요.

비단벌레

쌍꼬리부전나비

왕은점표범나비는 전국 각지의 평지에서 발견되는데요. 일부 지역만 제외하면 발견하기 쉽다고 해요. 하지만 들판에서 사는 초지성(草地性) 나비는 상황에 따라 사라지기 때문에 멸종위기종으로 보호받는 게 좋아요. 법 개정으로 인해 멸종위기종으로 새로 등록된 대모잠자리는 오히려 도심지에서 발견돼요. 대도시에 있는 큰 연못이나, 공원, 저수지에서 서식하기 때문에 매연에 의한 멸종이 우려가 되는 종류에요. 이렇게 멸종위기 곤충은 절멸 위험이 많기 때문에 좀 더 연구가 필요해요.

왕은점표범나비

대모잠자리

02 보호종은 아니지만 멸종위기가 우려되는 곤충들

곤충 중에는 멸종위기종은 아니지만 멸종위기종에 등록될 가능성이 있는 곤충들이 많답니다. 여기에는 4종류의 곤충만 실었지만, 실제로는 더 많아요. 어떤 종류는 멸종위기 곤충보다 더 만나기 어려운 곤충들이 많아서 나중에 멸종위기종에 등록될 가능성이 있답니다. 그만큼 곤충들이 살아가는 환경이 나빠지고 있다는 것이겠지요?

멸종위기에 처한 곤충들

왕소똥구리는 멸종위기종은 아니지만 10년 넘게 발견되지 않고 있어요. 1998년만 해도 천연기념물로 지정된 충청남도 태안군에 위치한 신두리 해안사구에서 많은 수가 발견되었지만, 1998년 이후로는 더 이상 발견되지 않고 있어요. 소똥구리는 방목된 소의 배설물을 먹는데, 해안사구 자체가 천연기념물이라 소의 방목이 허가되지 않기 때문이지요. 전라남도 장흥군에서도 방목한 소들을 사육장에 가둬 키우면서 왕소똥구리가 사라졌어요. 왕소똥구리든 소똥구리든 방목되는 소가 많아져서 늘어나기를 기대해봅니다. 봄어리표범나비도 빠르게 사라지고 있어요. 먹이식물인 질경이는 흔하지만, 정작 나비는 많이 사라져서 남부지역에서는 더 이상 발견되지 않고 있어요. 경기, 강원 북부 지역에서는 일부 지역에서만 발견되고 있는데 역시 멸종위기에 처해 있어요. 봄어리표범나비뿐 아니라 '어리표범나비' 종류는 거의 사라지고 있어 우려되는데, 더 이상 사라지지 않기를 바랄 뿐입니다.

왕소똥구리

봄어리표범나비

고운점박이푸른부전나비   큰점박이푸른부전나비

고운점박이푸른부전나비와 큰점박이푸른부전나비, 그리고 북방점박이푸른부전나비도 빠르게 사라지고 있어요. 역시나 평지에서 더 많이 발견되는 나비입니다. 이 나비들은 어렸을 때는 오이풀을 먹지만 어느 정도 성장하면 개미들에 의해 개미굴로 들어가 개미들의 보살핌을 받으며 성장해요. 오이풀 역시 흔한 풀이지만, 이 나비들은 북부 지역의 일부 지역에서만 적은 숫자가 발견되고 있답니다. 특히 북방점박이푸른부전나비는 거의 발견되고 있지 않아 염려 돼요. 나비와 공생하는 개미의 서식 여부에 따라 개체수가 달라지기 때문이에요. 멸종위기종이든, 멸종위기종이 아니든 모든 곤충이 사라지지 않고 우리 곁에 남아주었으면 좋겠습니다.

03 오감으로 정서를 돕는 정서 곤충들

정서 곤충은 말 그대로 '정서적'인 곤충, 즉 우리에게 청각이나 시각 등을 통해 정서적으로 도움이 되는 곤충들을 말해요. 여기에는 우리에게 정서적 도움이 되는 곤충 일부를 소개했어요. 정서 곤충은 사실 더 많을 것이지만, 간단하게나마 올려 보는 것이랍니다.

왕귀뚜라미

아름다운 소리를 내요!

여치나 귀뚜라미 종류는 대표적인 정서 곤충이에요. 수컷의 울음소리가 정말 아름답죠. 특히 여치, 베짱이, 긴꼬리, 방울벌레, 풀종다리 같은 곤충들은 너무 아름다운 소리를 내서 많은 사랑을 받고 있어요. 그래서 예로부터 사육통에 넣어서 울음소리를 듣기도 했어요. 외국에서는 애완용 곤충으로도 인기가 많아지고 있다고 하네요.

왕귀뚜라미는 흔하게 볼 수 있는 귀뚜라미예요. 어린 애벌레는 몸에 하얀 줄무늬가 있어 다른 귀뚜라미와 구별돼요. 집 근처 화단이나 가까운 공원 및 학교에서도 쉽게 발견되기 때문에 울음소리를 들을 수 있어요. 왕귀뚜라미는 낙엽이나 짚더미, 혹은 자신이 판 구멍에서 울음소리를 내는데, 낙엽이나 짚더미는 이런 울음소리가 더 크고 멀리 퍼지게 하는 역할을 한다고 합니다. 암컷을 부르거나 자신의 영역을 지키고자 할 때 울음소리를 내는데, 가을에 들리는 소리는 우리 마음을 편안하게 해주기도 하지요.

반대로 풀종다리처럼 나무 위에서 울음소리를 내는 종류도 많아요. 풀종다리나 긴꼬리, 청솔귀뚜라미가 그 대표적으로 아름다운 소리를 내요. 풀종다리는 귀뚜라미 중에서는 아주 작은 편이어서 어떤 것은 성인 남자의 손톱만 하기도 해요. 하지만 울음소리는 여느 귀뚜라미들 못지않아요. 가로수나 낮은 관목에 앉아 울음소리를 내는데, 왕귀뚜라미와는 전혀 다른, 하지만 은은하면서 맑은 소리를 내는 것으로 알려져 있어요. 이렇게 자신의 울음소리로 사람들의 정서를 안정시키는 곤충들이 참 많아요.

풀종다리

늦반딧불이

아름다운 모습을 보여줘요!

반딧불이와 잠자리는 다른 부분에서 사람들에게 유익한 곤충이에요. 반딧불이는 불빛을 내는 유일한 곤충으로 예로부터 널리 사랑 받아 왔어요. 특히 '형설지공(螢雪之功, 눈과 반딧불을 등잔불 삼아 밤을 지새며 공부를 하여 성공을 이룬다는 사자성어)'이란 말이 생겨날 정도로 반딧불이의 빛은 많은 사람들이 사랑했습니다. 반딧불이의 몸에는 '루시페린'과 '루시페라제'라는 물질이 있는데, 이것이 산소와 결합하면서 '산화페라제'라는 물질로 변한답니다. 이것이 푸르스름한 빛을 내는 것이지요.

반딧불이의 서식지인 전라북도 무주군 설천면에는 아예 서식지가 천연기념물로 지정되어있고, 경북 영양군 수비면에는 〈반딧불이학교〉가 운영될 만큼 체험학습 소재로도 인기가 많아요. 무엇보다 1급수에서만 살아가는 반딧불이 애벌레 때문에 (육상생활을 하는 종류도 있지만) 환경오염의 정도도 알 수 있게 되었지요. '반딧불이가 발견되는 장소는 청정지역이다.' 는 인식이 생겨나는 것입니다.

해충을 없애줘요!

잠자리는 해충을 방제하는 효과도 뛰어납니다. 파리, 모기, 깔따구 및 하루살이를 방제하는 데 효과가 뛰어나지요. 일부 지역에서는 급속도로 늘어나는 하루살이 때문에 골치를 썩지만, 잠자리를 번식시켜 풀어준다면 잠자리들이 하루살이들을 잡아먹어 방제할 수 있기 때문이랍니다. 그래서 요즘에는 잠자리축제도 생겨나고 있고, 잠자리를 대량번식하려는 연구도 진행되고 있어요. 수중생활을 하는 애벌레는 모기와 하루살이 애벌레를 잡아먹기 때문에 잘 활용한다면 우리에게 매우 유용하게 사용될 것으로 보입니다.

고추좀잠자리

우화하는 청띠제비나비

화려한 날개가 참 멋져요!

나비는 아름다운 날개 때문에 사람들에게 많은 사랑을 받고 있으며, 곤충연구자들도 선호하는 연구대상이에요. 동요의 소재가 되기도 하는 나비는 화려한 날개 덕분에 널리 사랑받고 있어요. 다양한 축제와 행사에도 빠지지 않고 등장하며, 이제는 나비를 사육하고 전시하는 곳도 많아졌어요. 특히 동남아시아 지역에는 큰 규모의 '나비농장'이 있으며, 다양한 나비들을 사육하고 수출한답니다.

우리나라에서는 전라남도 함평군에서 나비를 사용한 최초의 생태축제를 개최함으로써 나비의 아름다움을 세상에 널리 알리게 되었어요. 지난 2008년에는 〈2008 함평세계나비곤충엑스포〉를 통해 우리나라 나비뿐 아니라 세계 각국의 화려한 나비들이 전시되기도 했어요. 이제는 다양한 상품도 개발되고, 또 사육하는 사람도 늘어나고 있는 만큼 나비도 사람의 정서를 안정시키고 편안하게 해주는 곤충으로 자리 잡을 것으로 기대합니다.

04 식용과 약용으로 쓰이는 곤충들

곤충은 예전부터 식용과 약용으로도 사용되어 왔어요. UN(국제연합)에서도 차세대 식량으로 곤충을 지목할 정도지요. 곤충을 식량으로 사용하는 국가는 많으며, 앞으로 더 늘어날 것으로 예측된다는 뉴스도 이미 나왔어요. 여기에서는 많은 곤충 중에서 4종류의 곤충을 소개할게요.

술안주로 인기가 많은 메뚜기

메뚜기를 먹는다구요?

메뚜기는 대표적인 식용 곤충이에요. 굽거나 볶아먹는 것으로 유명해요. 메뚜기는 종류가 다양하나, 방아깨비와 우리벼메뚜기가 가장 인기가 높아요. 벼를 먹고 사는 우리벼메뚜기는 고소하며 간식과 어른들의 술안주로 인기가 많고, 지금도 시골 장터에서 쉽게 만날 수 있어요. 처음에는 거부감이 들어도 한번 먹어보면 고소한 맛이 일품이랍니다. 전남 함평의 곤충연구소에서 처음으로 인공증식에 성공하였고, 인기 TV프로그램인 《런닝맨》을 통해 볶은 메뚜기 요리가 나오기도 했어요.

길거리표 영양간식이었던 번데기!

'번데기' 역시 인기 있는 식품입니다. 겨울에 길거리에서 파는 번데기는 고소한 간식거리로 사랑받았어요. 이 번데기에 사용되는 곤충은 다름 아닌 누에나방이에요. 누에나방은 애벌레부터 번데기까지 사람들에게 이로움만 주는 것 같아요. 애벌레는 뽕나무 잎을 먹고 누에고치를 만드는데, 요즘은 색소를 넣은 누에나방이 나오기도 하였네요. 번데기가 되기 위해 하얀 실로 누에고치를 만드는데, 이 고치에서 뽑아내는 실이 고급원단인 비단의 재료가 되는 것이지요. 번데기는 실을 뽑아내는 과정에서 따로 모아졌다가 유명 길거리표 음식인 '번데기'로 재탄생 되는 것입니다.

'번데기'는 누에나방의 번데기다

여기서 다루지는 않았지만 꿀벌의 애벌레 역시 식용과 약용으로 쓰이며, 다양한 곤충들이 사람의 식량으로 개발되고 있어요.

병을 고쳐주는 유익한 곤충들

그런가 하면 약용으로 쓰이는 곤충들도 많아요. 깊은 계곡에서 서식하는 뱀잠자리 애벌레는 '손태랑충(孫太郞蟲)'이라 불리는 유명한 약용곤충이랍니다. 중국의 한 전설에서 유래되어 알려졌는데, 70대 중반의 '손우위문'이란 노인이 부인과 함께 뱀잠자리 애벌레를 즐겨 먹었더니 나중에 '손태랑'이라는 자

대륙뱀잠자리 애벌레 (식용 및 약용)

식을 보게 되었다는 데서 유래합니다. 물론 이 곤충을 먹고 당장 임신하지는 않지만, 일본 나가노현에서는 유충을 대나무 꼬챙이에 꽂아 어린이의 감기 묘약으로 판매되기도 했고, 기름에 볶아먹으면 기생충을 없애준다고 하네요. 그리고 폐결핵과 위장약으로도 사용했다는 기록도 있어요.

가뢰는 대표적인 약용곤충이다

가뢰는 '칸다리딘'이란 독을 가지고 있는데, 이 곤충을 맨손으로 만지면 다리 관절에서 이물질을 분비해요. 노란색 이물질이 피부에 닿으면 몹시 따갑고 물집이 생기며 부어올라요. 이물질은 옛날 사약의 재료로도 사용되었다고 해요.

가뢰 말린 것을 '반묘(斑猫)'라고 부르는데, 한방에서는 독을 뽑아내고, 어혈(瘀血, 고여 있는 피)을 풀어주며, 궤양, 성병과 이뇨제 및 피부염 치료제의 원료로 사용된다고 해요. 특히 유럽에서는 '서양청가뢰'와 '띠띤가뢰'로 만든 반묘가 발포제나 신경통 및 류머티즘의 통증 완화제로 쓰인다고 하네요. 곤충의 몸에서 추출한 독이 오히려 사람의 병을 치료하는 치료제가 된다니 신기하지요?

이 외에도 많은 곤충을 식용이나 약용으로 사용하고 있어요. 물론 오늘날에는 매우 다양한 식품이 있고, 다양한 약이 있지만, 곤충을 먹고 곤충을 약으로 사용해왔기 때문에 식품이나 약재들이 발전하지 않았나 생각해보게 돼요. 앞으로 어떤 곤충들이 식품으로, 또 약으로 쓰일지 모르지만 곤충은 우리와 매우 밀접하게 연관되어 있고, 사람에게 도움이 된다는 사실이 놀라울 따름이에요.

05 독특하게 살아가는 신기한 곤충들

국내에는 여러 독특한 모양의 곤충들이 많이 살고 있어요. 그 독특한 모양의 곤충 몇 가지를 소개해볼게요.

물장군과 비슷한 메추리장구애비

알을 돌보는 수컷 물자라

장구애비과의 메추리장구애비는 장구애비 보다 호흡관이 짧아 사람들이 물장군으로 착각하기 쉬운 곤충이에요. 멸종위기종인 물장군도 호흡관이 짧거든요. 하지만 크기와 앞다리 형태, 몸색과 생태가 달라요. 메추리장구애비는 장구애비와 같이 앞다리를 장구 치듯이 움직이며, 헤엄치는 모습도 장구애비와 닮았어요. 메추리장구애비는 물장군과는 달리 눈에 흔하게 보인답니다. 물자라 역시 독특한 생태를 가지고 있습니다. 수컷이 알을 돌보는 것으로 유명하지요. 먹이도 잘 먹지 않고 애벌레가 태어날 때까지 돌본다고 해요. 틈틈이 수면 위로 올라가 알에 산소가 공급되도록 해서 혼신의 힘을 다해 돌봐요. 아기를 돌보는 수서곤충이라니 참 독특하기도 합니다.

수컷이 알을 돌보는 물자라

예쁘게 생겼지만 나쁜 행동하는 왕청벌

다른 곤충에 기생하는 왕청벌은 손가락 한 마디정도밖에 안 되는 정말 작은 곤충인데, 청록색의 몸을 가지고 있어 날아다닐 때 몸이 반짝거려요. 왕청벌은 흙으로 집을 짓는 호리병벌의 집에 산란해요. 애벌레는 호리병벌의 알과 집 안에 있는 먹이까지 모두 먹어 치운답니다. 실제로 자연에서 호리병벌의 집을 조사해보면 왕청벌의 알이나 애벌레가 발견되기도 한다는군요. 저렇게 예쁜 곤충이 다른 곤충에게 피해를 준다니 이해가 잘 안 가죠?

기생벌인 왕청벌

나비 중에는 개미와 공생하는 나비가 많은데, 담흑부전나비가 대표적이에요. 담흑부전나비는 일본왕개미 집 근처에 산란하는데, 애벌레가 깨어나면 일본왕개미들이 애벌레를 집으로 데려와 먹이를 주면서 정성껏 돌봐요. 번데기가 될 때까지 돌봐주니 담흑부전나비는 애벌레 시기에 천적에게 잡아먹힐 확률이 거의 없다고 해요. 그런 후에 성충은 무사히 우화하게 되어 개미집을 빠져나오게 됩니다.

개미집에서 생활하는 담흑부전나비

난폭한 성질을 가진 큰조롱박먼지벌레

해안의 모래톱에서 사는 큰조롱박먼지벌레는 길고 납작해서 모래 안에 파고들어 가기가 쉬워요. 야행성으로 밤에 주로 활동하고, 난폭한 성질로 눈에 띄는 모든 곤충을 잡아먹어요. 바닷가에 곤충이 살고 있다는 것이 신기하지만, 약간의 곤충들이 살아가고 있어요. 큰조롱박먼지벌레는 해안에 사는 곤충들이 가장 무서워하는 곤충이랍니다.

반면에 꼬마넓적사슴벌레는 독특한 생태를 가지고 있어요. 대부분의 사슴벌레 애벌레는 썩은 참나무와 벚나무, 팽나무 등 활엽수를 먹지만 꼬마넓적사슴벌레의 애벌레는 썩은 소나무를 먹고 살아요. 그것도 진흙처럼 완전히 썩어 톱밥같이 된 것만 먹지요. 번데기가 될 때도 '코쿤(cocoon)'이라는 번데기 방을 만들지요. 다른 사슴벌레들은 번데기 방을 만들기는 하지만 코쿤 형태로 만들진 않거든요. 서남해안의 부속 섬에서 주로 발견되는데, 생태가 완전히 밝혀지지 않은 신기한 사슴벌레랍니다.

소나무를 먹는 꼬마넓적사슴벌레

초롱박을 닮은 큰조롱박먼지벌레

6 · 이야기가 있는 곤충들 · 161

육식을 즐기는 사슴벌레들

국내에 서식하는 사슴벌레 중 육식을 하는 사슴벌레는 3종인데, 뿔꼬마사슴벌레, 큰꼬마사슴벌레, 제주꼬마사슴벌레가 그것으로 성충 생활 때 육식을 하는 것이지요.

약해진 곤충이나 죽은 곤충을 주로 먹는데, 엄청난 식탐을 자랑하며 순식간에 껍데기만 남기고 모두 먹어치워요. 뿔꼬마사슴벌레는 제주꼬마사슴벌레와 같이 제주도에서 서식하는데 팽나무나 참나무 숲에서 생활하고 있어요. 주로 죽은 팽나무에서 생활하는데, 애벌레와 같이 발견됩니다. 성충이 갉아놓은 것을 애벌레가 먹기도 한다는군요. 곤충은 종류가 많은 만큼 신기하고 독특한 곤충들이 참 많은 것 같습니다.

장수풍뎅이 번데기를 먹는 모습

육식성인 뿔꼬마사슴벌레

퀴즈로 배우는 '이야기가 있는 곤충' 관찰 미션!

'이야기가 있는 곤충들'을 통해 우리는 재미있는 사실들을 알게 되었어요. 이제 다양한 관찰 미션을 수행하면서 퀴즈를 맞춰보세요.

🌿 곤충 맞추기

1. 예전에 우리와 같이 살았다가 사라진 곤충이 많습니다. 발견된 지 너무 오래되어 멸종된 것으로 판명, '멸종위기종'에서 삭제된 곤충은 무엇일까요?

2. 멸종위기종에 등록된 곤충은 우리가 보호해야 합니다. 따라서 엄격한 법의 제제가 주어지는데요. 주로 어떤 행동에 대해 제제 받는지 적어보세요.

3. 멸종위기종 곤충 중 가장 큰 곤충이 있습니다. 무엇일까요?
   현재 천연기념물로 지정되어 있어요.

4. 멸종위기종에 등록된 곤충 중에는 '조롱박'을 닮은 곤충이 있습니다.
   무엇인지 이름을 적어보세요.

5. 들판에 사는 초지성 나비로 현재 멸종위기종에 등록된 나비 이름은 뭘까요?

6. 멸종위기종은 아니지만 멸종위기에 처한 곤충들이 있습니다.
   어떤 곤충이 있는지 아는 대로 적어보세요.

정답
1. 주홍길앞잡이
2. 채집, 사육, 보관 등
3. 장수하늘소
5. 왕은점표범나비
6. 왕소똥구리, 봄어리표범나비, 큰점박이푸른부전나비

🌿 곤충의 특징 맞춰보기

1. 암컷이 낳은 알을 열정적으로 돌보는 수서곤충이 있습니다.
   '부성애'로 유명한 이 곤충은 무엇일까요?

2. 아름다운 울음소리를 내는 귀뚜라미 중 나무 위에서 생활하는 종류가 있습니다. 무엇일까요?
   글자 수는 4개입니다.

3. 사슴벌레의 성충은 참나무 수액을 먹습니다. 하지만 육식을 하는 종류도 있습니다.
   육식을 하는 사슴벌레는 누구일까요? 맞춰보세요.

4. 잠자리는 해충을 잡아먹는 익충으로 유명합니다.
   잠자리가 좋아하는 먹이는 무엇일까요?

5. 곤충 중에는 식용과 약용으로 쓰이는 곤충이 많습니다. '뻔데기'라는 인기있는 길거리 음식으로
   유명한 곤충은 무엇일까요?

정답
1. 물자라
2. 풀종다리
3. 뿔꼬마사슴벌레
4. 파리, 모기 등
5. 누에나방

🌿 곤충과 퀴즈

1. 멸종위기의 곤충 중 애벌레 시기에 개미와 같이 지내는 나비들이 있습니다.
   개미와 같이 지내지 않은 나비는 무엇일까요?
   (1) 쌍꼬리부전나비 (2) 왕은점표범나비 (3) 담흑부전나비 (4) 큰점박이푸른부전나비

2. 다음의 소똥구리 중 멸종위기종에 등록된 곤충은 무엇일까요?
   (1) 왕소똥구리 (2) 뿔소똥구리 (3) 긴다리소똥구리 (4) 애기뿔소똥구리

3. 다른 벌에 기생하는 아름다운 기생벌은 무엇일까요?
   (1) 왕청벌 (2) 장미가위벌 (3) 말총벌 (4) 왕바다리

4. 사슴벌레 중 유일하게 소나무를 기주로 삼으며, '코쿤'이란 번데기 방을 만드는 사슴벌레 이름을
   맞춰보세요.
   (1) 제주꼬마사슴벌레 (2) 꼬마넓적사슴벌레 (3) 애사슴벌레 (4) 톱사슴벌레

5. 해안가에 살아가며 야행성으로, 작은 곤충을 잡아먹는 곤충은 무엇일까요?

　　(1) 큰조롱박먼지벌레　(2) 메추리장구애비　(3) 물자라　(4) 깃동잠자리

6. 멸종위기의 곤충 중 아름다운 색을 가진 사슴벌레가 있습니다.
　　제주도에 사는 이 사슴벌레는 무엇일까요?

　　(1) 뿔꼬마사슴벌레　(2) 애사슴벌레　(3) 두점박이사슴벌레　(4) 사슴벌레

7. 멸종위기종 곤충 중 흰나비과에 속한 나비가 있습니다. 강원도에서 발견되다가 거의 사라진, 살구나무를 먹이로 삼는 나비는 무엇일까요?

　　(1) 상제나비　(2) 쌍꼬리부전나비　(3) 붉은점모시나비　(4) 깊은산부전나비

8. 고대 이야기에 전해져 내려오는, '손태랑충'으로 알려진 곤충은 누구일까요?

　　(1) 길앞잡이　(2) 누에나방　(3) 왕사마귀　(4) 뱀잠자리

1. 2번　2. 4번　3. 1번　4. 2번
5. 1번　6. 3번　7. 1번　8. 4번

 설명해보기　이야기가 있는 곤충을 간단하게 설명해보는 거예요. 너무 어렵게 생각하지 말고, 쉽게 풀어 보는 것은 어떨까요?

1. 가뢰는 독성을 가지고 있는 것과 동시에 한약재로도 유명합니다.
　　가뢰가 가지고 있는 독성물질인 '칸다리딘'이 피부에 묻으면 어떻게 될까요?

2. 누에나방은 사람에게 여러 가지 면으로 유익을 줍니다.
　　어떤 유익을 주는지 적어볼까요?

3. 잠자리들은 사람에게 어떤 유익을 줄까요?

1. 물집이 생기고 통증이 있다.
2. 번데기는 간식으로 사용되고, 누에고치에서 실을 뽑아 옷을 만듭니다.
3. 사람에게 해로운 곤충들을 잡아먹습니다.

7 일곱째 마당

신기한 외국 곤충들

곤충을 사육하고 수집하는 사람에게 외국 곤충은 동경의 대상이 됩니다. 특히 살아있는 외국 곤충은 수입도 금지되어 있기 때문이지요. (식물방역법 10조 제1항 수입금지 등 관련 법규 "국립식물검역원")

외국 곤충을 다큐멘터리나 도감, 사진으로만 봐오던 사람들은 한 번쯤은 살아있는 것을 보고 싶어 합니다. 외국 곤충의 표본은 국내에서도 살 수 있지만, 살아있는 것은 불가능하기 때문에 그렇습니다. 일부 곤충 마니아들이 몰래 밀수를 해서 사육을 시도하지만, 법에 저촉되면 무거운 벌을 받게 돼요. 특히 우리나라는 황소개구리나 붉은가재, 뉴트리아, 붉은귀거북, 배스나 최근엔 악어거북까지 외래종에 대한 피해를 보고 있어 더욱 제재를 가하고 있어요. 이웃 일본도 외국 곤충의 수입을 허가했었지만 다시 금지했어요.

외국 곤충은 크기도 크고, 색도 화려해서 인기가 많아요. 특히 헤라클레스장수풍뎅이나 키론장수풍뎅이, 타이타누스넓적사슴벌레는 한국뿐 아니라 일본에서도 인기가 많아요. 그래서 표본을 수집하는 사람이 점점 늘어나고 있어요. 비록, 살아있는 것을 키우지 못하더라도 표본은 쉽게 구할 수 있으며, 박물관이나 전시장을 방문하면 다양한 외국 곤충을 만날 수 있어요.

01 말레이시아의 국가 나비
붉은목도리제비나비

🏠 **서식지** 말레이시아, 인도네시아, 태국, 보르네오 등
🌿 **먹이식물** Aristolochia acuminata(유독성 덩굴식물)

강가에 모여 물을 먹고 있는 붉은목도리제비나비 (다큐멘터리 캡쳐)

동남아지역에 사는 붉은목도리제비나비는 '라자 브룩 버드윙' 혹은 '브루키아나제비나비'라고 불리는 호랑나비과의 나비에요. 동남아지역과 뉴기니 등의 섬에 사는 대형 호랑나비과 나비들이 있는데 통칭 "버드윙 버터플라이(Bird wing butterflies)"라고 불립니다. 날개를 펴면 평균 15~28cm까지 되는데, 너무 커서 새가 나는 것 같다고 하여 '새날개나비'라고도 부른답니다. 이들은 세계적 멸종위기종에 속해 있으며, 표본거래도 엄격히 제한되지요. 그러나 외국의 다양한 나비농장에서 사육되는 개체는 세계 각국으로 팔려나가기도 합니다. 다양한 전시관이나 박물관에서도 전시되는데, 거의 사육된 개체들이에요. 사육된 것만 판매되고 있는 것이지요.

말레이시아의 국가 나비!

붉은목도리제비나비는 말레이시아의 국가 나비며, '카메론 하이랜드'란 지역의 강가에서 수백 마리가 모여 물을 빨아 먹어요. 이 나비를 현지에서 관찰한 사람의 이야기로는 날개가 커서 천천히 날기도 하고, 손으로도 쉽게 채집할 수 있을 정도라고 해요(다른 버드윙 나비들은 나무 꼭대기에서 빠른 속도로 날아다닌다고 해요). 하지만 말레이시아에서 보호를 받고 있어서 허가를 받은 몇몇 현지인만 채집한다고 해요. 날개가 크고 길어서 마치 제비를 연상시키는데, 날개에 있는 초록색 무늬는 날아다닐 때 햇볕에 반짝거려요. 강가에는 수컷들이 모여들고 암컷은 주로 꽃에서 꿀을 빨아 먹는것으로 알려져 있어요.

날개가 가늘고 길다

전시된 두 종의 붉은목도리제비나비

독성 있는 식물을 먹어요

붉은목도리제비나비는 두 종이 있는데, '트로자나붉은목도리제비나비'는 초록색 무늬가 더 짙고, 화려하지만 무늬 크기는 작아요. 이 나비의 암컷은 어두운색을 띠고 있어 수컷과 확실하게 구별 돼요. 붉은목도리제비나비의 애벌레는 "*Aristolochia acuminata*"와 "*Aristolochia foveolata*"라는 식물을 갉아 먹고 살아요. 이 식물은 열대지역에서 나는 덩굴식물인데, 독성이 있어 애벌레의 몸에 축적되지요. 새들이 아주 싫어할 것 같지 않나요? 이 독성은 성충이 되어도 없어지지 않아요.

초대 Rajah – James Brooke
(1841~1868)

2대 Rajah – Charles Anthony Johnson Brooke
(1868~1917)

3대 Rajah – Charles Vyner Brooke
(1917~1946)

보르네오 사라왁을 지배한 브룩왕가. 초대 왕인 제임스 브룩이 보인다(왼쪽)

사람 이름을 딴 나비?

붉은목도리제비나비는 '제임스 브룩'이라는 영국인의 이름을 붙인 나비예요. 동남아지역의 보르네오 섬 북부인 사라왁에서 반란이 일어났는데, 영국인인 제임스 브룩은 반란을 성공적으로 제압함으로써 사라왁의 통치권을 받고 '왕', '지배자'를 뜻하는 "라자(Rajah)"라는 칭호를 받아 사라왁의 왕이 되었어요. 그래서 사라왁 최초의 백인왕가가 들어서게 되고, 무려 3대에 걸쳐 사라왁을 지배하게 되었다고 해요. 곤충학자인 월레스가 브룩의 공을 기려 붉은목도리제비나비에게 이름을 붙이게 되었고, '*Trogonoptera brookiana*'란 학명이 붙여진 거랍니다. 사람의 이름을 딴 나비라니 신기하지 않나요?

02 아킬레스몰포나비
남미의 화려한 푸른 나비

🏠 **서식지** 아르헨티나, 브라질, 페루, 볼리비아, 콜롬비아 등
🌿 **먹이식물** 콩과 식물

지난 2016년 세계나비곤충박람회 때 전시되었던 아킬레스몰포나비

아킬레스몰포나비가 포함된 몰포나비 그룹의 나비들은 화려한 색상으로 유명해요. 대부분이 푸른빛을 가지고 있으며 날개를 접으면 어두운색을 가진, 반전 있는 나비예요. 아킬레스몰포나비의 속명인 Morpho는 그리스신화에 나오는 사랑의 여신인 '아프로디테'의 별명에서 비롯되었으며, 종명인 achilles는 트로이전쟁의 그리스 영웅 '아킬레스'의 이름이에요. 아킬레스 몰포나비는 아르헨티나를 포함한 남미의 여러 나라에서 번식하며, 애벌레는 콩과 식물을 먹는 것으로 알려졌지요.

날개에 커다란 눈알 무늬가?
아킬레스몰포나비는 검은색 바탕에 세로로 굵은 파란색 무늬가 있어요. 날개를 접으면 어두운색에 커다란 눈알 무늬가 있어서 천적을 쫓아낸다고 해요.
몰포나비들은 색깔이 화려하고 아름다워 액자에 담아 장식용으로 판매되고, 특히 크기가 크고 짙은 파란색의 날개를 가진 '디디우스몰포나비'가 인기에요.

아킬레스몰포나비의 번데기들

수박즙을 먹는 아킬레스몰포나비

초록 물방울처럼 생긴 번데기

아킬레스몰포나비는 다른 외국 나비들과 함께 지난 2008년 함평에서 열린 세계나비곤충엑스포를 통해 공개되었어요. 번데기도 함께 전시되어 우화하는 모습도 관찰할 수 있었어요. 번데기를 보면 초록 물방울 같이 생겨 매우 아름다워요.

다양한 몰포나비들

사진을 보면 몰포나비가 얼마나 아름다운지 느낄 수 있을 거예요. 왼쪽 사진의 가운데 맨 위에 있는 나비가 아킬레스몰포나비에요. 몰포나비의 날개가 눈이 부시죠?

아름다움을 위해 배를 떼어낸대요

슬코우스키몰포나비는 신소재 섬유의 재료로 사용되어 화제가 되기도 했어요. 그런데 전시관이나 박물관에 들어오는 몰포나비의 대부분은 배가 없어요. 몰포나비의 배에는 기름이 많아서 표본을 만들 때 기름이 배어 나와 날개의 색깔을 망가뜨린대요. 그래서 남미 현지에서 이 나비들을 채집하면 바로 배를 떼어낸 다음 세계 각국으로 팔려나간대요. 아름다움을 위해 몸의 일부를 포기해야 한다니 참 슬프지 않나요? 그래도 몰포나비는 화려한 날개로 많은 사랑을 받고 있어요. 우리들의 눈을 즐겁게 하기 위해 자신의 배를 포기한 몰포나비에게 박수를 쳐주고 싶네요.

은은한 색을 가진 슬코우스키몰포나비

03
코뿔소를 닮은 최강 곤충
키론장수풍뎅이

🏠 **서식지** 인도네시아, 말레이시아, 인도차이나 반도
🍃 **먹이식물** 야자나무

키론장수풍뎅이는 '코카서스장수풍뎅이'라는 이름으로 더 잘 알려져 있어요. 동남아지역에 서식하는 세계에서 가장 강한 딱정벌레 중 하나예요. 남미를 대표하는 세계최대, 세계최강 '헤라클레스왕장수풍뎅이'조차 버거워 할 정도로 강하답니다.

키론장수풍뎅이의 힘!

키론장수풍뎅이는 지역에 따라 4종류로 나뉘는데, 인도네시아의 수마트라섬과 자바섬에 서식하는 2종류가 가장 널리 알려져 있어요. 뿔의 모양과 몸의 형태로 나뉘는 것이지요. 〈함평나비곤충엑스포〉 때 전시된 종류는 수마트라섬에 서식하는 '얀센스키론장수풍뎅이'였어요. 키론장수풍뎅이 중 가장 크고 힘도 매우 강해 대적할 상대가 없어요. 키론장수풍뎅이는 몇 년 전 《스펀지》라는 TV프로그램을 통해 그 힘을 공개한 적이 있었어요. 가슴과 겉날개 사이의 홈에 손톱이 끼면 부러질 정도로 강한 힘을 가졌지요. 나뭇가지도 부러뜨려서 많은 사람이 놀랐다고 해요. 온몸에 구릿빛이 나는 멋진 키론장수풍뎅이는 매우 인기가 높아요.

키론장수풍뎅이 표본

인기가 높은 키론장수풍뎅이

난폭한 성격의 애벌레

키론장수풍뎅이는 야자나무의 수액을 먹고 살며, 애벌레는 썩은 야자나무와 부엽토를 먹고 자라는데, 애벌레는 난폭한 성격을 가지고 있어요. 현지에서도 원주민들이 잡아서 팔기도 할 정도로 개체수는 많다고 해요. 키론장수풍뎅이는 수많은 곤충학자들과 수집가들에 인기가 많으며, 영국의 생물학자였던 찰스 다윈(1809~1882)은 "만약 키론장수풍뎅이가 개나 말 정도로 컸다면 지구상에서 가장 멋진 생물 중 하나가 되었을 것이다"라고 극찬을 했다고 합니다.

비싸고 귀한 엔가노장수풍뎅이

키론장수풍뎅이는 인기 있는 수집대상이며, 키론장수풍뎅이와 비슷한 '모엘렌캄프장수풍뎅이'와 '엔가노장수풍뎅이'도 역시 인기가 많습니다. 특히 인도네시아 수마트라섬 북부에 위치한 엔가노섬에서만 발견되는 엔가노장수풍뎅이는 소형이지만, 가장 귀한 종류로 취급되며 가격도 매우 비싸다고 해요. 하지만 다른 키론장수풍뎅이 표본은 표본전문점에서 쉽게 구입할 수 있으니, 한두 마리쯤 멋진 액자에 넣어서 방에 걸어둔다면 멋진 액자가 될 거예요. 한 번 시도해보도록 해요.

자바산 키론장수풍뎅이

귀한 엔가노장수풍뎅이

말레이시아의 금맥
04 황금귀신사슴벌레

🏠 **서식지** 말레이시아 카메론 하이랜드
🌿 **먹이식물** 활엽수 레모이나무

2016 세계곤충박람회에서 만난 황금귀신사슴벌레

황금색의 사슴벌레를 본 적이 있나요? 열대지역에는 다양한 사슴벌레들이 서식하지만, 말레이시아와 미얀마, 인도네시아 자바섬에는 황금색의 사슴벌레가 서식하고 있어요. '황금귀신사슴벌레'라고 불리는 종류인데, 우리나라의 다우리아사슴벌레와 닮았답니다. 하지만 크기도 훨씬 크고 색깔도 전혀 달라요.

사슴벌레가 황금색?

가장 유명한 종류는 인도네시아 자바에 서식하는 '로젠버기황금귀신사슴벌레'예요. 말레이시아의 카메론 하이랜드에 서식하는 황금귀신사슴벌레는 '모렌캄프모세리황금귀신사슴벌레'라고 불리며, 로젠버기황금사슴벌레에 비해 일직선으로 턱이 뻗어있어요. 역시 이 곤충도 살아있는 상태로 전시된 적이 있었고, 많은 관람객이 황금색의 사슴벌레를 보고 감탄을 했어요.

황금귀신사슴벌레의 먹이식물인 레모이나무 (말레이시아 카메론 하이랜드)

황금귀신사슴벌레의 먹이식물

황금귀신사슴벌레의 먹이식물은 밝혀지지 않았다가 일본의 유명한 곤충사진작가인 '쿠리바야시 사토시'에 의해 밝혀졌어요. 일본 NHK에서 방송된 다큐멘터리 촬영을 위해 말레이시아를 방문한 사토시는 현지 원주민의 도움을 받아 모렌캄프황금귀신사슴벌레를 찾아보았는데, 한 활엽수의 수액을 먹고 있는 모습을 촬영하게 된 것이지요. 말레이시아 언어로 '레모이나무'라고 불리는데, 이 나무와 야자나무의 수액을 좋아한다고 알려져 있어요. 애벌레는 썩은 나무를 먹고 자란다고 알려져 있어요. 일본은 이 곤충의 애벌레를 사육하기 위한 전용 사료를 개발한 상태랍니다. 사육은 매우 까다로운 것으로 알려졌지요.

습도가 높으면 색깔이 변해요

특이한 것은 황금색의 색깔이 습도가 높으면 어둡게 변한다는 점입니다. 건조해지면 다시 원래의 황금색으로 돌아온다고 하네요. 습도가 높아 어둡게 변하면 천적의 눈에 띄기 어려울 것으로 보여요. 밝기만 황금색이 어둡게 변하기도 하네요. 또 원래부터 몸이 검은 개체도 발견되기도 한다는군요. 황금귀신사슴벌레는 '로젠버기사슴벌레'와 '모렌캄프사슴벌레' 2종류가 있으며, 모렌캄프황금귀신사슴벌레는 4종류의 아종(같은 종으로서 바로 아래 종, 가령 사촌 관계)으로 나눠진다고 해요.

모렌캄프황금귀신사슴벌레

동남아지역에 서식하는 황금귀신사슴벌레들은 귀한 곤충으로 분류되며, 가장 인기 있는 수집대상 중 하나예요. 일본의 곤충동호회 회원들은 말레이시아나 인도네시아로 이 사슴벌레를 관찰하기 위해 여행을 계획하기도 한다는군요.

그만큼 황금귀신사슴벌레는 매력적인 곤충임에 틀림없어요. 전시효과도 뛰어나 다른 곤충과도 잘 어울린답니다. 황금귀신사슴벌레도 많은 사랑 해주길 바래요.

로젠버기황금귀신사슴벌레

05 애왕사슴벌레
일본에 서식하는 롱다리

🏠 **서식지** 일본 홋카이도, 혼슈 등
🌿 **먹이식물** 오리나무, 버드나무, 벚나무, 참나무류

애왕사슴벌레 (일본 홋카이도)

애왕사슴벌레는 일본에 서식하는 사슴벌레로, 한때 한국에도 서식한다는 이야기가 돈 적이 있었어요. 하지만 생태 사진이나 표본이 발견되지 않아 종 목록에서 삭제되었답니다. 어떤 사람들은 애사슴벌레와 왕사슴벌레를 교잡한 개체가 애왕사슴벌레가 아닐까 추측하기도 하고, 또 어떤 이는 크기가 작은 왕사슴벌레를 애왕사슴벌레라고 부르기도 해요. 하지만, 이는 잘못된 정보랍니다. 애사슴벌레와 왕사슴벌레가 짝짓기한다고 해서 애왕사슴벌레가 탄생하지 않을뿐더러, 교잡종은 번식 자체가 힘듭니다. 크기가 작아서 애왕사슴벌레라고 불러서도 안 돼요. 그것은 크기만 작을 뿐 왕사슴벌레 그 자체일 뿐이지요. 애왕사슴벌레는 이들과 전혀 다른 종류랍니다.

왕사슴벌레와는 달라요!

물론 전체적인 크기는 32~58mm로 작은 편입니다. 하지만 가슴판이 직사각형 모양이 아니고 가장자리 부분이 굴곡이 졌어요. 다리도 다른 사슴벌레들에 비해 훨씬 긴 편입니다. 거기다가 주행성이고, 고지대에서 서식하는 종류입니다.

나무에 매달리는 모습

높은 곳에서 살아요

애왕사슴벌레는 해발 1000m 이상의 고지대에 서식하며 버드나무나 오리나무의 가느다란 나뭇가지에 매달리면서 지내요. 암컷이 새순을 갉아내고 즙액을 먹는데, 수컷이 날아와서 짝짓기를 하기도 한다는군요. 다리가 가늘고 길어 가느다란 나뭇가지에 매달리기 쉬워요. 일본 현지에서 자주 잡히기는 하지만, 개체수가 많지는 않은 편이랍니다. 수명은 약 1년 6개월~2년 정도로 알려져 있어요. 사육 난이도는 사슴벌레들 중 가장 높은 편에 속한다고 해요.

우리나라에서도 발견되기를 …

애왕사슴벌레는 일본에서도 인기가 높아요. 개체수가 많지 않아서인지 더욱 귀하게 취급받고요. 그리고 우리나라의 곤충목록에 잠깐 올라서인지, 사슴벌레 연구가들은 전국을 돌아다니며 애왕사슴벌레 서식 여부를 확인한다고 해요. 우리나라에서도 발견되면 정말 좋겠죠? 그렇게만 된다면 좋을 것 같아요.

낮에 활동한다

이 책을 보는 독자 중에서도 사슴벌레를 연구하는 연구가가 나타나 이 곤충을 한번 찾아보는 것도 좋을 거예요. 물론 다른 곤충도 같이 탐사하면서 말입니다.

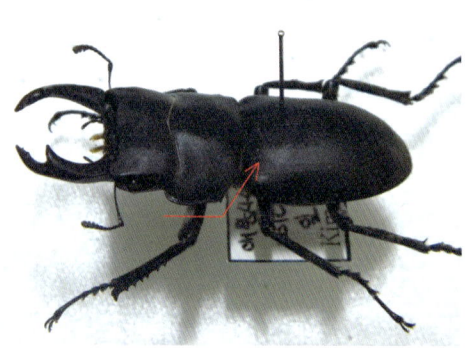
애왕사슴벌레는 가슴이 굴곡졌다.

왕사슴벌레는 가슴이 직각이다.

06 가랑잎사마귀
마른 낙엽을 닮은 사마귀

🏠 **서식지** 말레이시아, 태국, 인도네시아
🌿 **먹이** 작은 곤충

말레이시아와 인도네시아 등에 서식하는 가랑잎사마귀는 뛰어난 변장술을 자랑해요. 가슴 부분이 넓은 데다가 색깔도 갈색이어서 마치 마른 낙엽같이 생겼기 때문이에요. 현지에는 쉽게 관찰할 수 있지만, 발견하기는 매우 어려워요. 따라서 천적의 눈과 먹이가 되는 다른 곤충들이 쉽게 속아 넘어가요.

알을 끝까지 책임져요!

가랑잎사마귀는 신기한 습성이 하나 있는데, 그것은 암컷이 알을 낳은 후 애벌레들이 태어날 때까지 지키고 있다는 것이랍니다. 난폭한 육식성의 사마귀가 자신의 알을 지킨다니 믿어지지가 않죠? 일반적으로 사마귀들은 알을 낳고 나면 죽어버리기 때문에, 가랑잎사마귀의 습성은 매우 신기하고 독특합니다.

신기한 위장술을 가졌어요

인터넷 '위키피디아'에 올라온 사진을 보면 정말 독특해요. 나뭇가지도 갈색, 알집도 갈색, 거기다 알을 지키는 어미도 갈색이에요. 새들이 보면 그냥 나뭇가지에 마른 낙엽이 매달린 것으로 생각하기 쉬울 것이에요. 우리가 봐도 그런 느낌일까요?

곤충의 종류가 많다 보니 사마귀도 다양한 형태와 습성이 존재하는가 봐요.

열대지역의 꽃잎과 닮은 꽃사마귀는 가랑잎사마귀와는 다르게 꽃잎에 숨어서 지낸다고 해요. 색깔도 꽃과 같고, 심지어 다리에 난 돌기마저 꽃잎을 닮았다고 하네요.

꽃에 날아오는 나비가 주요 먹잇감인데, 나비 입장에서는 밥 먹으러 왔다가 죽음을 맞이하게 되는 셈이지요. 정말 훌륭한 흉내 내기가 아닐 수 없습니다.

자신의 알을 지키는 가랑잎사마귀
(위키피디아)

말레이시아 곤충 생태계의 포식자

가랑잎사마귀는 애벌레 때부터 암수 구별을 할 수 있다고 합니다. 암컷과 수컷은 가슴판의 돌기와 무늬가 다르다고 해요. 사진에서 보면 왼쪽이 암컷, 오른쪽이 수컷이에요. 암수의 무늬가 약간씩 다르다니 참 재미있네요. 정말 하나부터 열까지 신기한 곤충임이 틀림없네요. 가랑잎사마귀는 말레이시아의 곤충 생태계의 최고 포식자입니다.

가랑잎사마귀의 애벌레들

딱정벌레를 제외하고는 가장 강력하지요. 이런 곤충들이 있기 때문에 곤충들이 급격하게 늘어나지 않는 것입니다. 적절하게 숫자를 맞춰준다고 할까요?
멋지니 외모와, 강렬한 카리스마로 열대지역을 계속 지배하기를 기대해 봅니다.

공격 자세를 취하는 가랑잎사마귀

퀴즈로 배우는 외국 곤충 관찰 미션!

TV나 곤충백과에서 볼 수 있는 외국의 곤충들은 볼 때마다 신기해요. 크기도 크지만 화려하기까지 하니까요. 앞에서 살펴본 외국 곤충을 기억하면서 재미있게 퀴즈를 풀어보세요.

곤충 알아맞히기

1. CITES(멸종위기에 처한 야생동·식물종의 국제거래에 관한 협약)에 등록되고, 말레이시아 국가 나비로 보호받는 나비는?

2. 그리스의 영웅의 이름을 붙인 나비는 누구일까요?

3. 우리나라 TV프로그램에 소개될 정도로 인기가 많은 딱정벌레는?

4. 말레이시아에 서식하는 황금색의 곤충은?

정답
1. 붉은목도리제비나비
2. 아킬레스몰포나비
3. 키론(코카서스)장수풍뎅이
4. 황금귀신사슴벌레

곤충의 특징 적어보기

1. 황금귀신사슴벌레는 습도가 높으면 어떻게 될까요?

2. 키론장수풍뎅이가 가장 강력한 딱정벌레가 될 수 있었던 특징은?

3. 몰포나비의 표본에는 왜 배가 없는 것이 많을까요? 설명해보세요.

4. 나뭇잎을 흉내 내는 가랑잎사마귀에는 독특한 행동은 무엇일까요?

정답
1. 습도가 높으면 어둡게 변한다.
2. 강한 힘과 3개의 뿔
3. 배에 기름이 많아 배를 제거하지 않으면 기름이 날개에 베어 나옵니다.
4. 암컷이 알을 낳은 후 애벌레가 나올 때까지 알을 지킵니다.

🍃 곤충과 퀴즈

1. 붉은목도리제비나비는 누구의 이름을 기려서 지어진 이름일까요?
   (1) 도이 히로노부 (2) 제임스 브룩 (3) 칼 본 린네 (4) 장 파브르

2. 아킬레스몰포나비의 서식지가 아닌 곳은 어디일까요?
   (1) 페루 (2) 브라질 (3) 콜롬비아 (4) 보르네오

3. 다음에 들어갈 단어를 넣어보세요.
   "만일 (　　　)가 개나 말 정도로 컸다면 지구상에서 가장 멋진 생물 중 하나가 되었을 것이다."
   – 찰스 다윈

   (1) 키론장수풍뎅이 (2) 버드윙나비 (3) 왕사슴벌레 (4) 골리앗꽃무지

4. 애왕사슴벌레의 특징이 아닌 것을 골라보세요.
   (1) 다리가 길다 (2) 낮에 활동한다 (3) 고지대에 서식한다 (4) 크기가 큰 편이다

   1. 2번 제임스 브룩의 이름을 기려서 학명에 적용되었습니다.
   2. 4번 보르네오는 남미가 아닌 동남아지역입니다.
   3. 1번
   4. 4번 애왕사슴벌레는 소형종입니다.

🍃 기본 상식 배워보기

1. 붉은목도리제비나비는 이 법규에 의해 보호받습니다. 무엇일까요?

2. 왜 새들은 붉은목도리제비나비 애벌레를 먹지 않을까요?

3. 보르네오 사라왁 최초의 백인 통치자였던 제임스 브룩이 받았던 호칭은 무엇일까요? '왕', '통치자'란 뜻을 가지고 있어요.

4. 색이 아름다워 섬유의 소재로 쓰이는 나비는 무엇일까요?

   정답
   1. CITES(멸종위기에 처한 야생동·식물종의 국제거래에 관한 협약)
   2. 먹이식물에 독성이 있어서
   3. 라자 혹은 Rajah
   4. 슬코우스키몰포나비

부록 마당

곤충 사육법과 곤충 찾기

이번 장에는 간단한 곤충 사육법과 곤충 찾는 법을 소개하고 있어요. 또한 곤충동호회와 주요 커뮤니티도 소개하고, 곤충을 오랫동안 연구하셨던 곤충학자 이야기도 간략하게 실려있습니다. 이번 장을 통해서 곤충을 찾아보고 사육하는 것이 얼마나 흥미로운 일인지 느껴보시길 바래요.

그리고 미래에 곤충학자가 되고 싶은 꿈을 가지고 있거나 곤충동호회에서 활동하고 싶다면 여기에서 소개하는 동호회를 잘 보고, 자신이 좋아하는 곤충이 있다면 동호회 활동도 해보세요.

곤충 사육법은 그동안 여러 책과 인터넷을 통해 소개하고 있으므로, 간단하게 소개할 예정이에요. 또 곤충을 찾아보는 것도 우리 주변에서 쉽게 시도해 볼 수 있는 것을 중심으로 소개할 예정입니다.

곤충이 징그럽다고, 무섭다고 거부하기 전에 관심을 기울여보고, 자세하게 관찰해 보도록 권유하고 싶어요. 기회가 된다면 꼭 곤충을 길러보길 추천합니다. 그러면 곤충이 정말 좋아질 것이라고 믿어요.

01 곤충을 키울 수 있어요

그동안 우리나라의 곤충사육은 많은 발전을 했어요. 20여 년 전 곤충농장과 곤충 숍이 생겨났고, 애완용 곤충이 소개되면서 많은 사람이 곤충을 사육하게 되었어요. 장수풍뎅이로 시작된 곤충사육은 사슴벌레를 거치게 되었고, 지금은 폭발적인 인기를 얻으며 성장하고 있지요. 곤충사육의 주요 대상은 어린아이들이었으나, 지금은 성인도 많이 사육하고 있으며, 자녀들이나 친구들에게 선물해주기도 합니다. 사육하는 곤충도 종류가 다양해졌어요. 우선 애완용 곤충으로는 장수풍뎅이와 사슴벌레, 나비를 중심으로 하늘소와 노린재, 잠자리, 송장벌레 등으로 종류는 더욱 늘어가고 있어요. 파충류나 새의 먹이용으로 거저리나 귀뚜라미가 사육되고 있고, 여치나 베짱이, 방울벌레나 반딧불이는 정서 곤충으로 널리 사랑을 받고 있어요. 기생벌이나 무당벌레는 진딧물이나 기타 해충을 퇴치하는데 사용되고 있으며, 최근에는 음식물 쓰레기를 처리하고 퇴비로 만드는 환경정화 곤충 '동애등에'도 있어요.

이렇게 종류도 다양해진 만큼 사육법도 다양해지고 있으며, 이들의 먹이도 더욱 발전되고 있답니다. 우울할 때나 기분이 좋지 않을 때, 정서 곤충이나 애완 곤충을 한 번 길러 보세요. 요기서는 5가지의 곤충 사육법을 소개하고 있어요.

팽나무로 사육하고 있는 흑백알락나비 애벌레

○ 장수풍뎅이 키우기

상수리나무의 수액을 먹고 있는 장수풍뎅이

장수풍뎅이는 가장 크고, 강한 풍뎅이지만, 누구나 사육할 수 있는 최고의 애완 곤충 중 하나예요. 한국과 일본의 곤충 시장이 발전하는 데 밑거름이 되었고, 지금은 단순히 애완 곤충의 개념을 넘어 생태체험 프로그램의 소재로 쓰이는 등 다양하게 활용되고 있어요. 곤충을 처음 키우는 초보자라도, 쉽게 사육하고 많은 알을 받을 수 있어요. 그동안 많은 책과 인터넷을 통해 알려진 만큼 간단하게 알려줄게요.

장수풍뎅이 애벌레

애벌레 사육을 준비하는 모습

01 장수풍뎅이를 처음 기른다면 애벌레를 구해서 사육을 시도하는 것이 좋아요. 자연에서 발견하기는 어렵기 때문에 다양한 곤충샵이나 곤충농장을 방문한다면 쉽게 구입할 수 있어요. 애벌레를 사육하기 위해서는 유충병, 참나무 발효톱밥, 그리고 애벌레만 있으면 됩니다. 일반적으로는 약 1리터 용량이 되는 유충사육병을 많이 사용합니다.

발효톱밥도 요즘은 부엽토가 첨가된 장수풍뎅이용 톱밥이 나와 있으므로 톱밥을 가득 담아주는 것이 좋아요. 실내에서 애벌레가 성장하는 기간은 약 10개월 내외인데, 1달 반~2달마다 톱밥을 갈아주는 것이 좋습니다. 번데기가 되기 직전에는 덩치도 상당히 커지고 먹는 양도 많아져요.

장수풍뎅이 사육 환경

장수풍뎅이의 번데기

02 번데기가 될 때가 다가오면 먹이를 먹는 양이 줄어들고 사육통 바닥에 주로 머물면서 길쭉한 달걀모양의 번데기 방을 만들어요. 번데기 방을 만들고 나서 약 한 달이 지나면 번데기가 되는데, 수컷은 뿔을 가지게 되는 거지요. 암컷은 뿔이 없습니다.

번데기 시기에는 가만히 두는 것이 좋아요.

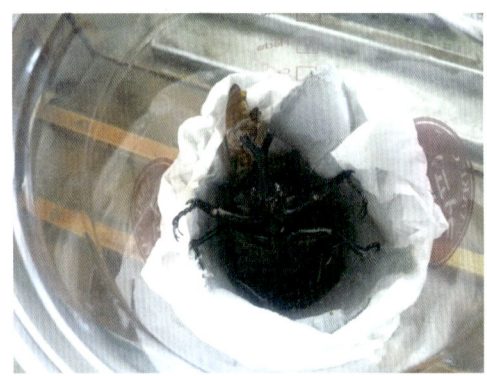
우화하는 장수풍뎅이

먹이인 곤충용 젤리

03 성충으로 우화하고 약 10일이 지나면 활동할 수가 있어요. 그러면 성충 사육용 사육통과 발효톱밥, 먹이접시, 놀이목, 낙엽 등을 준비하여 꾸며줍니다. 톱밥을 사육통의 절반 높이로 채워주고 놀이목, 낙엽 등을 꾸며주면 잘 활동합니다. 먹이는 곤충농장이나 샵에서 판매하는 곤충용 젤리가 좋습니다. 젤리는 1~2일마다 갈아주는 것이 좋습니다. 장수풍뎅이 성충의 수명은 3개월밖에 되지 않습니다. 하지만 짝짓기를 하면 50~80개 이상의 알을 낳기 때문에 많은 양의 애벌레를 만날 수 있게 되지요.

장수풍뎅이 사육, 생각보다 어렵지 않아요.

다양한 크기의 장수풍뎅이 표본

○ 사슴벌레 키우기

가장 인기 있는 애완 곤충인 왕사슴벌레

사슴벌레는 장수풍뎅이와 더불어 인기 있는 애완 곤충입니다. 종류도 다양해 키우는 재미도 다르지요. 누구나 쉽게 키우는 넓적사슴벌레, 왕사슴벌레, 톱사슴벌레, 애사슴벌레부터 홍다리사슴벌레, 사슴벌레, 참넓적사슴벌레, 털보왕사슴벌레 까지 국내에 서식하는 약 17종류의 사슴벌레 대부분을 사육할 수 있답니다.

사슴벌레들도 곤충농장이나 판매점에서 쉽게 구입할 수 있고, 가까운 야산에서도 만날 수 있어요. 특히 애사슴벌레와 넓적사슴벌레는 전국 각지에서 쉽게 발견할 수 있고, 사육이 쉬운데다가 수명도 길어 기르는 재미가 쏠쏠하답니다.

여기에서는 사슴벌레를 쉽게 키우는 법을 간단하게 소개할 예정입니다. 장수풍뎅이와 사육법은 비슷하지만 조금씩 다른 부분도 있어요. 또 종류에 따라 수명과 선호하는 온도가 다르기 때문에 그것은 뒤에서 소개하도록 할게요.

사슴벌레는 성충으로 쉽게 구할 수 있기 때문에, 여기에서는 성충의 사육방법부터 간략하게 소개할 예정입니다. 사슴벌레 키우는 거 어렵지 않아요!

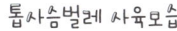

다양한 사육통

① 기본적인 사육 세팅은 장수풍뎅이와 비슷합니다. 하지만 사슴벌레는 썩은나무에다 산란하므로 곤충판매점에서 파는 산란용 나무를 구입해 톱밥 안에 묻어줘야 합니다.

(산란목은 물에 하루 종일 담갔다가 그늘에서 6~7시간 정도 말리면 좋습니다.)

그러면 짝짓기를 하고 암컷은 산란목에 알을 낳게 됩니다. 사육통 바닥 쪽에 알을 낳기도 합니다. 약 2개월 후 사육통을 뒤집어 산란목을 꺼낸 후 일자 드라이버로 나무 결을 따라 조심스럽게 쪼개면 알과 애벌레를 발견할 수 있어요. 혼자 하기 힘들다면 주변의 친한 곤충동호회 회원의 도움을 받으면 안전하게 애벌레를 꺼낼 수 있어요. 수명이 긴 사슴벌레는 다시 산란 셋팅을 해주면 다시 알을 낳습니다.

톱사슴벌레 사육모습

② 애벌레 사육법 역시 장수풍뎅이와 비슷하지만, 난폭한 기질이 있어 한 마리씩 키워야 해요. 장수풍뎅이는 넓은 사육통에서 여러 마리를 한꺼번에 키울 수 있답니다.

사슴벌레용 발효톱밥과 인공사료인 균사병, 그리고 썩은 나무로도 사육할 수 있습니다.

발효톱밥으로는 모든 사슴벌레 애벌레를 키울 수 있고, 균사병은 넓적사슴벌레, 왕사슴벌레, 참넓적사슴벌레 등 비교적 오래 사는 사슴벌레의 애벌레에 사용 돼요. 그 외의 사육법은 장수풍뎅이와 똑같습니다.

균사(인공사료)를 먹는 애벌레

산란목에서 번데기가 된 모습

우화한 넓적사슴벌레

톱밥에 숨은 넓적사슴벌레

03 사슴벌레는 장수풍뎅이와는 다르게 가로로 길쭉한 번데기 방을 만들어요. 몸이 마르는 시기도 길게는 15일 이상이 걸리기도 해요. 활동이 시작될 때가 다가오면 성충사육장을 꾸며주어 준비하는 것이 좋습니다. 톱사슴벌레나 다우리아사슴벌레는 아예 처음부터 산란 준비까지 해 주는 것이 좋습니다. 약 1~3개월로 수명이 짧거든요.

애벌레 사육통 (왼쪽은 균사병)

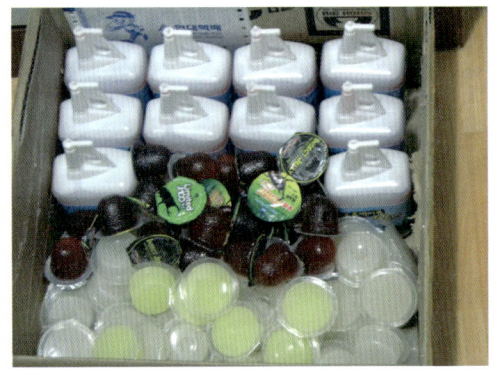
다양한 곤충용 젤리

04 성충용 젤리는 다양하게 발전하고 있어요. 다양한 맛의 젤리도 있고, 수액을 닮은 젤리도 있으며, 심지어 알을 낳는 암컷을 위한 유산 젤리도 있습니다. 이에 따라 젤리를 담아두는 먹이접시도 다양하게 발전하고 있습니다. 먹이접시는 단순이 먹이를 담아두는 곳이 아니라 먹이접시 아래에 숨어있기도 하고, 먹이를 먹으면서 짝짓기도 하는 등 활발한 활동을 하는 놀이목 기능을 한답니다.

사슴벌레는 수컷과 암컷의 큰 턱에 물리지 않도록 매우 조심해야 합니다. 특히 이빨이 짧은 암컷에게 물리면 빼내기가 매우 어려우니 주의해야 합니다. 사슴벌레는 호전적이어서 장수풍뎅이와 힘겨루기를 많이 해서 이것을 놀이로 하는 경우도 많습니다.

사슴벌레도 한 번쯤 사육해 보는 것은 어떨까요?

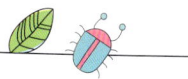
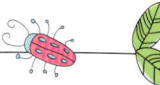

사슴벌레는 종류도 다양한 만큼 사육난이도와 산란목 사용여부가 달라요.
애완용으로 널리 알려진 사슴벌레들의 정보를 알려줄게요.

종류	주요서식지	수명	산란목 사용여부
애사슴벌레	전국 각지	약 1년	얇고 작은 산란목
다우리아사슴벌레	전국 높은 산	약 1개월	무르고 수분이 많은 산란목
홍다리사슴벌레	전국 높은 산	약 1년 6개월	무른 산란목
참넓적사슴벌레	전국 각지	약 1년	약간 단단한 산란목
톱사슴벌레	전국 각지	약 3개월	없어도 무방함
왕사슴벌레	전국 각지	약 3년	약간 마른 산란목
넓적사슴벌레	전국 각지	약 2년	무른 산란목

전라북도 완주군에서 채집한 톱사슴벌레

○ 산호랑나비 키우기

번데기에서 우화한 산호랑나비

산호랑나비는 산에서 만날 수 있는 호랑나비로, 사육방법은 호랑나비와는 조금 달라요. 산호랑나비의 먹이식물은 백선, 방풍, 당귀, 구릿대, 사상자, 미나리 및 당근 등으로 알려져 있으며, 당근의 새싹으로도 사육이 가능해요.

백선과 당귀는 유명한 한약재로 야생에서 만나기 쉽지 않아요. 하지만 구릿대는 낮은 산에서 가끔 발견되고, 방풍과 미나리, 당근은 구하기가 어렵지 않아요.

재배용 백선

백선 잎을 먹는 어린 애벌레

등산을 하다보면 종종 야생초인 백선을 발견하게 됩니다. 백선은 '봉삼'이라고 불리며 아주 유명한 한약재이고, 당귀 및 참당귀와 방풍도 마찬가지입니다. 백선 근처에 가면 인삼과 비슷한 냄새가 난다고 해요. 구릿대는 높은 꽃대를 내기 때문에 발견이 어렵지 않습니다. 백선은 줄기가 단단한 편이라 비닐에 싸 잘 가져와도 마르지 않아요.
물컵에 꽂으면 애벌레를 사육할 만큼 살아있게 되는 거랍니다.

산호랑나비 애벌레 사육 모습

백선의 꽃을 먹는 애벌레

01 산호랑나비의 애벌레는 이 먹이식물들의 꽃을 가장 좋아합니다. 선호도를 보게 되면 '꽃 > 어린 잎 > 잎' 순으로 먹게 되지요. 어릴수록 꽃봉오리와 꽃을 좋아하고, 종령으로 성장할수록 튼튼한 잎도 잘 먹게 됩니다. 하지만 미나리나 당근으로 사육하게 되면 가장 연한 잎부터 갉아 먹게 됩니다. 미나리와 당근은 마트나 시장에서 살 수 있죠.

구릿대 씨앗을 먹는 애벌레

02 먹이는 충분하게 주고 번데기가 될 때 이동이 강하니 도망치지 않게 모기장 같은 망으로 씌워주면 좋습니다. 가을에 번데기가 되면 긴 겨울잠을 자게 됩니다.

하지만 걱정하지 마세요. 봄이 되면 멋진 날개를 가진 산호랑나비를 볼 수 있게 되니까요.

산호랑나비 번데기

남방부전나비 키우기

남방부전나비 성충

남방부전나비는 흔한 부전나비로 사육하기 쉬운 편에 속합니다. 먹이식물인 괭이밥이 매우 흔하기 때문에 작은 화분에다 뿌리째 뽑아다 심어두면 사육하기 좋습니다. 배추흰나비나 노랑나비, 호랑나비에 비하면 크기도 작고 색도 화려하지 않아 사육하기 어려우리라 생각하기 십상입니다. 하지만 직접 사육해본 결과 부전나비 종류 중에서 남방부전나비만큼 사육이 간단한 부전나비는 보지 못한 것 같습니다. 초보자가 키워도 문제없어요. 애벌레의 먹이인 괭이밥을 잘 키우면 돼요.

괭이밥은 가을에 길쭉한 씨앗을 내는데, 길쭉한 씨주머니를 살짝 건드리면 씨주머니가 뒤틀어지면서 안에 있던 씨앗이 튀어나오게 되지요. 괭이밥은 뿌리를 캐서 심어도 되고, 씨앗을 채취해서 재배해도 잘 자랍니다. 환경에 크게 구애받지 않아 편리해요.

01 꽃집에서 파는 작은 화분이나 포트를 구입해도 좋고, 스티로폼 박스를 재활용해도 됩니다. 화단이 있다면 가장자리에 심어두면 공간도 많이 차지하지 않아 남방부전나비를 키울 수 있어 좋아요. 작은 공간으로도 얼마든지 가능하답니다.

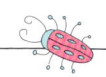

괭이밥 잎 뒷면의 애벌레

번데기가 될 준비하는 애벌레

02 봄이나 가을에 괭이밥을 뒤지면서 애벌레를 찾아보는 것이 좋습니다. 애벌레가 갉아 먹은 흔적이 있다면 조심스럽게 잎을 들춰서 찾으면 애벌레를 발견할 수 있어요. 한 마리를 찾으면 그 주변에 여러 마리의 애벌레를 찾을 수 있을 거예요. 건드리면 떨어져 버리기 때문에, 애벌레를 찾았다면 괭이밥 잎과 함께 조심스럽게 가져와야 합니다. 작은 용기가 있다면 거기에 담아오는 것이 안전하겠죠?

그 후 심어두었던 괭이밥 위에 올려두면 애벌레는 잎을 갉아 먹으면서 활동합니다.

남방부전나비 번데기

우화한 남방부전나비

03 남방부전나비는 1년에 여러 번 성충으로 발생해요. 즉 1년에 한살이가 여러 번 진행이 되기 때문에 남방부전나비를 여러 번 볼 수 있다는 얘기가 됩니다. 괭이밥도 잘 자라므로 남방부전나비의 사육이 즐거워질 것입니다. 주변에 성충이 꿀을 빨아 먹을 수 있게 여러 송이의 꽃을 심어둔다면 정말 멋진 나비사육장이 될 것입니다.

어려울 것이라고 겁먹지 말고, 괭이밥 키운다 생각하고 시도해보세요. 애벌레가 괭이밥을 갉아 먹는 것도 보고, 연한 푸른색의 날개를 가진 성충도 만나게 될 테니까요.

○ 암끝검은표범나비 키우기

가을의 암끝검은표범나비

암끝검은표범나비는 남부지역에서 서식하는 흔한 나비지만, 전국의 나비생태관에서 인기 있는 나비 중 하나입니다. 특히 암컷은 이름 그대로 날개의 끝이 검은색이어서 붙여진 이름이에요. 먹이식물은 제비꽃 종류인데, 우리나라에 서식하는 표범나비 대부분이 제비꽃을 먹고 자랍니다. 야생에서는 들판을 힘차게 날아다니는데, 금계국이나 벌개미취, 팬지 등 다양한 꽃의 꿀을 빨아 먹고, 알은 먹이식물의 잎이나 그 근처의 다른 나무 및 바위나 낙엽에도 알을 낳습니다.

앞서 언급했듯이 암컷과 수컷이 다르다 보니 인기 있는 나비가 되었고, 애벌레도 독특하게 생겨서인지 생태체험장의 단골 체험 소재로 이용되고 있습니다. 남부지역에는 대학교나 아파트 화단에서도 자주 등장하며, 특히 조경용으로 심어둔 팬지(삼색제비꽃)에도 이 나비의 애벌레가 많이 발견됩니다. 팬지는 일반 가정에서도 많이 심기 때문에 가정에서도 손쉽게 기를 수 있습니다. 다만 애벌레는 활동성이 강하므로 신경을 써 주는 것이 좋습니다. 특히 먹이가 부족할 때 자주 이동을 한다고 생각하면 돼요.

제비꽃

미국제비꽃의 잎

01 우선 화분과 먹이식물을 준비하는 것이 좋아요. 제비꽃보다는 잎이 크고 넓적한 미국제비꽃(종지나물)이 가장 좋고, 화원에서 쉽게 구하는 팬지(삼색제비꽃)도 좋습니다.

애벌레를 여러 마리를 키우려면 충분한 양을 준비하는 것이 좋고, 집에 화단이 있다면 화단에 먹이식물을 심는 것도 좋습니다. 그다음에는 성충 1쌍이나 애벌레를 구해야 하는데, 자연에서 채집할 수도 있고 나비생태관을 통해 구하는 것도 좋습니다.

산란준비 하는 암컷

02 성충을 준비하게 되면 화단이나 화분에 풀어두고 먹이와 모기장(도망 방지)을 치는 것이 좋습니다. 짝짓기를 한 암컷은 산란을 시작하는데, 상당히 많은 양의 알을 낳아요.

03 알은 작은 옥수수 같이 생겼으며, 먹이식물의 잎과 줄기, 그 주변의 돌과 낙엽에도 알을 낳습니다. 성충으로 알을 받았을 경우, 자신이 감당하기 힘들 정도로 엄청난 양의 알을 낳을 때가 있습니다. 그럴 때는 자신이 키우고자 하는 양만 남겨두고, 자연에 풀어주거나 나비를 전문적으로 사육하는 나비생태관에 기증하는 것이 좋아요. 나비생태관에는 충분한 먹이식물이 준비되어 있기 때문에 걱정 안 해도 돼요.

잎에 낳은 알

알에서 깨어난 애벌레들

04 알에서 깨어난 애벌레들은 엄청난 식탐을 자랑하며 잎을 갉아 먹어요. 처음에는 모여서 먹다가 성장할수록 단독으로 활동하는 경우가 많아요. 주로 이른 아침이나 초저녁에 먹이를 먹고 평상시에는 먹이식물 잎 뒷면에 숨어 있습니다. 성장할수록 몸에 난 돌기가 길어지고, 몸의 가운데에 붉은색의 줄이 생겨 마치 독이 있는 것처럼 보이지만, 독이 없을뿐더러 몸에 난 가시도 말랑말랑해요. 자신을 잡아먹는 개구리나 새의 눈을 속이는 것이지요. 심지어 사람들도 쉽게 속아 넘어갑니다. 하지만 이것은 애벌레가 연약한 자신을 보호하기 위해 마련한 방법이라고 할 수 있기 때문에, 우리는 애벌레의 지혜에 박수를 보낼 수 있지 않을까요?

팬지 잎을 먹는 애벌레

번데기로 탈피하는 중

05 종령이 되어 번데기가 될 시기가 되면 애벌레들은 번데기가 될 장소를 찾게 됩니다.

주변의 나뭇가지나 화분, 심지어는 다른 식물의 잎이나 가지를 찾기도 합니다.

번데기가 될 동안에 거미나 사마귀 같은 천적을 피해 안전하게 변신하기 위한 최고의 장소를 찾게 되는 것입니다. 적당한 장소를 찾으면 애벌레는 실을 토해내 번데기가 매달릴 수 있도록 일종의 지지대를 만들어요. 그리고 거꾸로 매달린 다음 번데기로 탈피하게 되는 것이랍니다. 번데기의 끝에는 돌기들이 있어 지지대에 튼튼하게 매달릴 수 있으며, 껍질을 벗은 직후에는 몸을 이리저리 흔들어서 지지대에 더욱 밀착하게 돼요.

거꾸로 매달린 번데기

 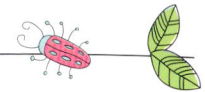

06 번데기는 처음에는 밝은 갈색이었다가 시간이 흐르면 어두운색으로 변해요. 몸에는 날카로운 돌기가 있고, 금색의 무늬가 생겨나는데, 관찰하면 유독 반짝거려 마치 보석을 박아둔 것처럼 보여요.

우화한 수컷   우화한 암컷

07 번데기에서 약 보름이 지나면 성충으로 우화하게 됩니다. 이때 몸에서 노폐물을 배설하는데 색이 붉어 마치 피를 배설한 것처럼 보여요. 우화하게 되면 날개가 마를 때까지 가만히 지켜보거나 사육일기를 쓰고, 사진을 찍어보는 것이 좋아요.

몸을 다 마르게 되면 날개를 활짝 펼쳐서 날갯짓을 하게 됩니다.

드디어 멋진 암끝검은표범나비가 탄생한 거예요! 계속 키우고 싶다면 먹이식물을 준비해서 다시 처음부터 하면 됩니다. 암끝검은표범나비뿐 아니라 우리나라에 서식하는 대부분의 표범나비들도 같은 방법으로 사육하면 됩니다.

가까운 나비생태관을 방문한다면 더 많은 정보를 얻을 수 있을 것입니다.

방법에 따라 나비도 장수풍뎅이만큼 키우기 쉽다는 것, 잘 알겠죠?

02 곤충 찾기, 보물 찾기 같아요!

곤충은 종류도 많은 만큼 서식지도 다양합니다. 그래서 곤충을 찾는 것이 어렵다고 생각하기가 쉬운데, 약간의 방법만 알면 찾기가 쉽습니다. 꽃밭에 가면 나비와 벌을 찾고, 풀밭에 가면 메뚜기나 사마귀를 찾고……, 하지만 특별한 계절이나 상황이 되면 곤충을 찾기가 어려워져요. 이 책에서는 겨울에 찾는 특별한 나비와 썩은 나무에서 찾는 곤충들 그리고 수서곤충을 찾는 방법을 소개하고자 합니다.

'곤충을 찾는다고요? 찬 바람이 불고 눈도 오고, 주변에 아무것도 없어 보이는데?'라는 생각이 들기 쉽습니다. 하지만 곤충 연구자들은 겨울에도 곤충을 탐사합니다. 겨울잠을 자는 곤충을 찾는 것이지요. 그리고 매우 독특하게도, 겨울자나방이나 눈각다귀 같이 눈이 오는 겨울에 활동하는 곤충들도 있답니다. 그리고 곤충은 겨울에 번데기로 지낸다고만 생각하는데, 알과 애벌레, 번데기와 성충 등 다양한 형태로 겨울을 지내지요. 수서곤충을 찾는 것도 의외로 간단합니다. 물살이 아무리 빨라도 살아가는 곤충들이 있게 마련입니다. 여기서는 3가지의 곤충 찾기를 알려주고자 합니다.

팽나무 잎에 앉아 있는
홍점알락나비 애벌레

팽나무 낙엽에서 찾는 나비들

동네 야산에서 쉽게 만날 수 있는 팽나무 (가운데)

작은 야산이나 뒷산에서 흔히 볼 수 있는 활엽수인 팽나무는 나무껍질 부분이 매끈매끈해 다른 나무들과 구별 돼요. 작은 식물도감이 있다면 찾는데 도움이 됩니다.

팽나무를 먹이로 삼는 나비는 6종이나 되며 뿔나비, 유리창나비, 수노랑나비, 흑백알락나비, 홍점알락나비, 왕오색나비입니다. 이 중 뿔나비만 성충으로 동면을 하고, 나머지는 애벌레로 동면을 합니다. 연약한 애벌레가 겨울을 잘 견딜까요?

팽나무 밑동을 찾아라!

애벌레는 팽나무의 밑동 부분으로 내려가 가장 아래에 있는 낙엽을 찾습니다. 추위도 피하고, 적당한 습도가 있으면 최고의 장소가 되는 것이지요. 그것이 팽나무의 낙엽이든, 참나무의 낙엽이든, 상관하지 않습니다. 겨울이 되면 팽나무는 낙엽이 수북이 쌓이는데, 애벌레는 가능한 팽나무와 가까운 부분에 겨울잠을 잘 장소로 선택하게 됩니다. 봄이 되어 겨울잠에서 깨어나면 먹이를 빨리 찾기 위해서지요.

보통 2령일 때 겨울잠을 자게 되는데, 다른 종류의 곤충들과 같이 겨울잠을 자기도 합니다. 애벌레를 찾으면 노린재나 무당벌레, 거미 등 겨울잠을 자는 다른 곤충들도 같이 발견되는 것이지요. 그리고 왕오색나비 애벌레와 홍점알락나비 애벌레가 같이 발견되는 경우도 많습니다.

팽나무 밑동의 낙엽들

낙엽을 뒤져보니 애벌레가 나왔다

우선 집 근처 공원이나 뒷산에서 팽나무를 찾아보는 것이 좋아요. 서울에서는 굳이 산으로 가지 않아도 애벌레 찾기를 할 수 있습니다. 월드컵공원 같은 공원으로 가면 팽나무를 어렵지 않게 찾을 수 있고 애벌레도 찾을 수 있기 때문입니다. 팽나무와 비슷하게 생긴 나무로 풍게나무가 있는데, 팽나무를 좋아하는 나비 애벌레들은 풍게나무 잎도 잘 먹으니 참고해 두면 좋습니다.

흑백알락나비 애벌레
(돌기가 작다)

가장 쉽게 찾을 수 있는 애벌레는 흑백알락나비나 홍점알락나비 애벌레며, 왕오색나비 애벌레나 수노랑나비 애벌레는 산 쪽에 주로 발견됩니다. 유리창나비는 산속에서 발견되며, 애벌레가 아닌 번데기로 동면을 합니다. 애벌레들은 비슷해 보이지만, 잘 보면 다른 부분이 많아요. 흑백알락나비 애벌레는 몸의 돌기가 작고, 왕오색나비는 8개의 돌기가 크고, 색도 약간 어두워요. 홍점알락나비는 흑백알락나비보다 뚱뚱한 편이고, 몸 가운데에 있는 2개의 돌기가 크게 돌출되어 있습니다. 수노랑나비의 애벌레는 애벌레 중 가장 작으며, 여러 마리가 모여 있기도 합니다.

왕오색나비 애벌레

홍점알락나비 애벌레

얼룩대장노린재와 같이 동면 중

떨어지지 않은 낙엽도 다시 보자!

겨울에 곤충을 찾는 것은 어렵지 않답니다. 단풍나무나 다양한 나무들의 낙엽이 일부가 매달려 있으면 잘 살펴보는 것이 좋아요. 곤충이 발견되기도 하거든요.

겨울에 나비 애벌레를 찾는 것이 어렵지 않으니, 운동 삼아 집 근처의 공원으로 산책을 겸해 나가서 곤충을 한 번 찾아보는 것은 어떨까요?

팽나무를 먹이식물로 삼는 나비들. 위: 뿔나비, 유리창나비, 수노랑나비
아래: 흑백알락나비, 홍점알락나비, 왕오색나비

○ 썩은 나무속의 사슴벌레와 하늘소

썩은 참나무에서 발견된 왕사슴벌레 애벌레의 식흔

썩은 나무는 많은 곤충이 좋아하는 음식입니다. 하늘소와 사슴벌레, 방아벌레와 거저리 등 다양한 곤충들이 발견되지요. 여기에서는 사슴벌레와 하늘소를 찾는 방법을 간단하게 알려줄게요. 준비물은 일자 드라이버와 곤충을 담을 채집통이면 됩니다.

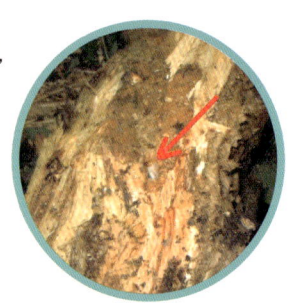

썩은 나무속의 사슴벌레 애벌레

발견된 하늘소 애벌레

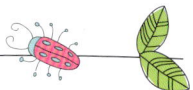

썩은 나무를 살펴보자!

사슴벌레와 하늘소 애벌레를 찾고 싶다면 죽은 참나무나 벚나무 같은 활엽수를 찾으면 되는데, 집 근처 가까운 동네 뒷산이나 가까운 사슴벌레 채집 장소로 가면 됩니다. 썩어서 땅에 묻혀있거나 굴러다니는 죽은 나무면 되는데, 적당한 수분이 있으면 더욱 좋습니다. 썩은 나무를 발견하면 조심스럽게 쪼개 보는 것이 좋아요.

일자 드라이버를 사용하는 저자

연한 나무는 손으로 쪼갤 수 있다

일자 드라이버로 안전하게!

작은 손도끼를 사용하는 것이 가장 좋지만, 위험하므로 상대적으로 조금은 안전한 일자 드라이버가 좋아요. 드라이버로 나무를 부술 때는 나무의 결을 따라 쪼개는 것이 가장 좋은데, 곤충이 들어있다면 애벌레가 갉아먹은 흔적이 발견 돼요. 그 흔적을 따라가다 보면 애벌레나 번데기를 발견할 수 있습니다.

발견된 왕사슴벌레 애벌레

애벌레는 썩은 나무 조각과 함께 담자!

애벌레를 채집통에 담아올 때는 애벌레가 발견된 썩은 나무 조각들을 같이 담아오는 것이 좋습니다. 그다음에는 톱밥을 넣어서 사육하면 되는 것이지요. 채집할 때에는 항상 조심해야 합니다. 도구를 쓸 때는 다치지 않게 조심하고, 연한 나무를 손으로 부술 때에는 날카로운 나무 조각에 찔리지 않도록 주의해야 해요. 그렇게 한다면 사슴벌레나 하늘소 애벌레 채집이 더욱 즐거워질 테니까요.

발견된 반날개하늘소 애벌레

물속에서 찾는 수서곤충들

물달팽이를 잡아먹는 물자라

수서곤충은 말 그대로 물이 있는 곳이면 어디에서든지 발견할 수 있습니다. 가장 좋은 장소는 논 주변에 있는 웅덩이나 습지, 계곡과 연못 가장자리입니다.

수서곤충을 채집할 때에는 수족관에서 판매하는 작은 뜰채를 사용하는 것이 좋아요.

무등산 계곡

발견된 하루살이 애벌레

수서곤충이 좋아하는 곳은?

계곡에서 수서곤충을 찾을 경우 흐름이 비교적 완만한 가장자리의 수초 부근이나 돌 아래, 낙엽에서 찾아보는 것이 좋습니다. 하루살이 애벌레와 뱀잠자리 애벌레, 어리장수잠자리애벌레와 물삿갓벌레 애벌레 등을 찾을 수 있고, 환경이 더욱 좋다면 다슬기를 잡아먹는 반딧불이 애벌레도 찾을 수 있게 되는 거랍니다.

연못 속의 송장헤엄치게

수면 위의 애소금쟁이

연못이나 웅덩이에는 더 많은 수서곤충을 찾을 수 있습니다. 수면 위에는 소금쟁이와 물매암이가 있고, 수면 바로 아래에는 송장헤엄치게가 발견되지요. 가장자리에 있는 수초에는 장구애비와 게아재비, 물자라와 잠자리애벌레 등 다양한 곤충이 발견되고, 물방개와 물땡땡이 같은 수서갑충들은 활발하게 연못 안을 헤엄칩니다.

장구애비

뜰채로 조심스럽게!

특히 수초의 뿌리부분이나 수초의 아래에는 수서곤충이 자주 숨어있기 때문에 뜰채로 조심스럽게 뜬다면 수초와 함께 수서곤충이 올라오게 되는 것이지요. 그러면 병에 담아 와서 사육해도 되고, 관찰 후 풀어주어도 됩니다. 다만 송장헤엄치게 같이 사람을 무는 곤충이 있으니 조심해서 관찰하는 것이 좋습니다. 색다른 매력의 수서곤충을 한 번 찾아보고 채집하고, 관찰해 보는 것도 즐거운 일이니 한 번 시도해보세요.

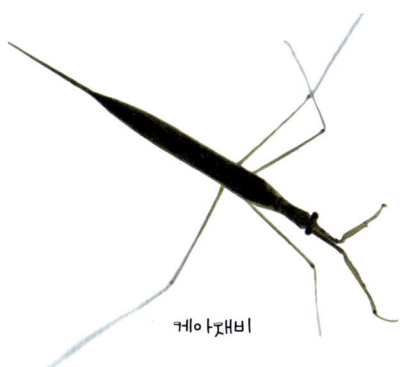
게아재비

곤충을 연구하는 학회들

우리나라에는 다양한 곤충을 연구하는 학회들이 많습니다. 특히 수십 년 이상 곤충을 연구하는 분들이 많아 곤충에 대해 배울 수 있는 부분이 많아요. 특정 곤충을 연구하는 분야도 많으니 잘 선택하는 것이 중요합니다.

□ 한국곤충학회

http://www.korentsoc.or.kr/index_k.html

문의 : entoko@korea.ac.kr

□ 한국잠자리연구회

http://www.jasa.pe.kr/odonata/

□ 한국곤충산업협회

http://e-kiia.org/common/sub01_01.html

문의 : insecthotel@naver.com

□ 한국응용곤충학회

http://www.entomology.or.kr/

문의 : http://www.entomology.or.kr/

□ 국제곤충연구소

http://cafe.naver.com/identification

 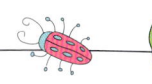 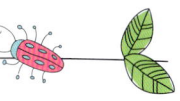

온라인에서도 만나는 곤충 커뮤니티

곤충을 좋아하는 사람이 많을수록 온라인 커뮤니티도 많이 생겨나고 있어요. 장수풍뎅이와 사슴벌레가 강세를 보이고 있는데, 최근에는 수서곤충도 새로운 커뮤니티로 떠오르고 있습니다. 역시나 대표적인 커뮤니티를 소개합니다.

1. 빅혼커뮤니티
곤충과 파충류, 거미를 사랑하는 사람들의 모임
https://cafe.naver.com/bighornmania

2. 곤충나라 식물나라
국내의 모든 생물을 공부하고 알 수 있는 곳
https://cafe.naver.com/lovessym

3. 풍게나무숲
나비를 사랑하는 사람들의 모임
https://cafe.naver.com/nabiforest

4. 만천곤충박물관
만천곤충박물관의 커뮤니티
https://cafe.naver.com/manchun

5. 굼모닝곤충농장
굼벵이와 곤충들을 만나는 장소
https://cafe.naver.com/gummorning

대표적인 곤충전시관과 박물관

곤충을 좋아하는 사람이라면 한번쯤은 다녀왔을 거예요. 우리나라에 있는 주요 곤충전시관과 박물관을 소개합니다. 가족과 함께 찾아가서 곤충을 만나고 생태체험도 즐겨볼 수 있는 유익한 곳이랍니다.

1. 구리생태박물관

   살아있는 나비를 1년 내내 만날 수 있는 곳

   http://www.sunyou.co.kr/index.htm

2. 충우 곤충박물관

   국내 최고의 곤충전시 및 생태관

   http://stagbeetles.com

3. 만천곤충박물관

   국내 및 전 세계의 곤충표본을 만날 수 있는 곳

   http://www.dryinsect.co.kr

4. 이화원 나비스토리

   가평 자라섬에서 만나는 나비전시생태관

   http://www.ewhawon.com/

5. 여주곤충박물관

   맑은 공기와 자연을 느낄 수 있는 곤충박물관

   http://www.여주곤충박물관.kr

6. 숲속곤충마을

   곤충체험을 즐기고, 교육도 받을 수 있는 곳.

   http://www.jangpoongi.co.kr/

7. 이화여대 자연사박물관

   이화여대 안에 있으며 곤충과 다양한 전시물을 볼 수 있다

   http://cms.ewha.ac.kr/user/indexMain.action?siteId=nhm

용어해설

- **계절형** : 나비에게 나타나는 것을 말해요. 봄에 나타나는 나비와 여름에 나타나는 나비는 크기와 색상에 차이가 있어요. 이것은 애벌레 때 먹는 먹이의 질과 양에 따라 달라지기 때문이에요.

- **고목** : 오래되거나 죽은 나무를 가리켜요.

- **곤충젤리** : 참나무 수액성분과 각종 영양소가 들어간 곤충전용 젤리포를 말해요.

- **균사** : 버섯을 이루는 성분을 '균사체'라고 하는데, 균사체에서 추출해 톱밥에 번식시킨 것이 균사예요. 균사는 사슴벌레의 애벌레를 크게 키우는 데 탁월해요.

- **기생벌** : 다른 곤충에 알을 낳아 번식시키는 벌인데, 크기가 작은 종류가 많아요.

- **놀이목** : 참나무류 가지로 만든 놀이목은 장수풍뎅이나 사슴벌레를 사육할 때 뒤집어지지 않게 도와주는 지지대 역할을 해요.

- **단위생식** : 수컷이 없이 암컷 혼자 번식하는 것을 말해요. 이때는 암컷이 주로 나와요.

- **대용** : 흰나비과와 부전나비, 팔랑나비과의 번데기의 형태에요. 몸에 지지대 실을 걸어 나뭇가지나 잎에 붙어있어요.

- **동면** : 겨울잠을 말해요.

- **딱정벌레** : 겉날개와 온몸이 단단한 곤충을 말해요.

- **령** : 곤충의 성장단계를 분류할 때 쓰여요. 보통 1령, 2령, 3령 등으로 분류해요.

- **막질** : 메뚜기나 사마귀의 날개가 얇은 재질의 투명한 막 성분으로 이루어져 있음을 말해요.

- **무미형** : 제비나비의 뒷날개 끝에 있는 미상돌기가 없는 형태를 말해요.

- **미상돌기** : 호랑나비과와 일부 부전나비과의 뒷날개에 있는 긴 돌기를 말해요.

- **발효톱밥** : 썩은 나무를 잘게 부순 톱밥에 각종 영양분을 넣어 발효시킨 톱밥을 말해요. 보통 참나무류가 주로 사용되며, 장수풍뎅이와 사슴벌레의 애벌레 먹이로 쓰여요.

- **번데기** : 애벌레가 성충으로 가기 전에 거치는 단계를 말해요. 완전변태를 하는 곤충들은 모두 번데기 기간을 거쳐요.

용어해설

- **번데기 방** : 딱정벌레의 애벌레가 번데기가 될 때 자신을 보호하기 위해 만드는 방으로, 썩은 톱밥과 자신의 체액으로 만들어 수분을 차단하고, 적절한 온도를 유지해줘요.

- **변이** : 곤충들이 지역과 습도, 먹이의 양 등 여러 가지 요인으로 인해 크기나 색상에 약간씩 다른 형태를 말해요.

- **변태** : 곤충의 성장 단계를 말해요. 번데기 시기가 있는 나비 같은 곤충들은 완전변태, 번데기 시기가 없는 매미 같은 곤충은 불완전변태를 거쳐요.

- **산란** : 자신의 먹이식물이나 그 주변에 알을 낳는 행동을 말해요.

- **산란 세팅** : 사람이 인위적으로 곤충의 알을 받기 위해 짝짓기를 시킨 다음 개별사육이나 합동사육을 실시해 알을 낳도록 하는 사육환경을 말해요.

- **성충** : 어른벌레를 말하며 지금부터는 더 이상 성장하지 않아요.

- **수서곤충** : 물에서 사는 곤충을 말해요.

- **수용** : 네발나비과의 번데기들은 '수용'이라고 하는데, 번데기가 거꾸로 매달린 형태를 말해요.

- **수태낭** : 애호랑나비와 모시나비과의 나비들에게만 있으며, 수컷이 짝짓기 후 다른 수컷이 짝짓기를 하지 못하게 암컷의 배 끝에 자신의 털과 이물질로 만든 단단한 물질을 말해요.

- **식흔** : 애벌레가 먹이식물을 갉아 먹은 흔적을 말해요.

- **애벌레** : 알에서 나온 곤충의 단계로, 동물로 치면 새끼예요.

- **우화** : 어른 벌레로 날개돋이 하는 것을 말해요.

- **유충** : 알에서 부화한 일명 '애벌레'로 장수풍뎅이와 사슴벌레의 경우 1, 2, 3령의 기간을 유충으로 정의해요.

- **의사행동** : 천적의 위험을 피하기 위해 죽은 척 하는 행동을 말해요.

- **인편** : 나비와 나방의 날개에 있는 가루를 말해요. 인편은 날개가 젖지 않게 방수 역할을 하고, 나비 특유의 아름다운 색을 나타냅니다.

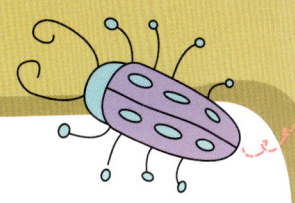

- 임도 : 산에 임의로 낸 길을 말하며, 보통 베어낸 나무를 나르기 위해 만든 길이에요.

- 짝짓기 : 암컷과 수컷이 후손을 남기기 위해 하는 행동으로, '결혼'이라 생각하면 되요.

- 참나무 : 도토리가 열리는 나무들을 흔히 '참나무'라고 하는데, 정확히 말하면 참나무과에 속하는 참나무류를 말해요. 보통 상수리나무, 떡갈나무, 신갈나무, 굴참나무, 졸참나무 등이 참나무과에 속하는 나무들이에요. 이 나무들은 모양과 크기가 약간씩 다르게 모두 도토리 열매가 열린답니다.

- 천적 : 곤충을 잡아먹는 대상을 일컬으며, 여기에는 사마귀, 말벌, 거미 등이 초식곤충의 천적입니다.

- 취각 : 호랑나비과 애벌레의 머리 뒤에 숨겨진 뿔을 말해요. 위험이 닥치면 이 뿔을 내미는데, 고약한 냄새를 내어 천적을 쫓아내요.

- 침엽수 : 잎이 바늘 침과 같이 가늘고 길며, 사시사철 푸른 잎을 가진 나무를 말해요. 침엽수로는 소나무, 전나무, 향나무 등이 있어요.

- 탈피 : 성장하기 위해 겉껍질을 벗는 것을 말해요.

- 활엽수 : 가을에 잎을 떨어뜨려 겨울에 벌거숭이가 되는 나무들입니다. 침엽수에 비해 잎이 넓적하고 참나무류 나무들을 비롯하여 사과나무, 배나무, 황벽나무 등이 활엽수랍니다.

도서출판 이비컴의 실용서 브랜드 **이비락** 樂 은 더불어 사는 삶에
긍정의 변화를 줄 유익한 책을 만들기 위해 노력합니다.

원고 및 기획안 문의 : bookbee@naver.com